KUHARICA
«ŽIVOT S ČATNIJEM»

Uronite u umjetnost pravljenja ajvara uz 100 izvrsnih recepata

Ivana Košar

Materijal autorskih prava ©2024

Sva prava pridržana

Nijedan dio ove knjige ne smije se koristiti ili prenositi u bilo kojem obliku ili na bilo koji način bez odgovarajućeg pisanog pristanka izdavača i vlasnika autorskih prava, osim kratkih citata korištenih u recenziji. Ovu knjigu ne treba smatrati zamjenom za medicinske, pravne ili druge stručne savjete.

SADRŽAJ

SADRŽAJ 3
UVOD 6
VOĆNI CHUTNEY 7
1. AMARETTO CHUTNEY OD BRUSNICE 8
2. CHUTNEY OD BRUSNICE I SMOKVE 10
3. CHUTNEY OD ZMAJEVOG VOĆA 12
4. CHUTNEY OD BRUSNICE I NARANČE 14
5. FIJIAN CHILI MANGO CHUTNEY 16
6. CHUTNEY OD MANGA 18
7. FIDŽIJSKI ZAČINJENI ČATNEY OD TAMARINDA 20
8. CHUTNEY OD UZGOJENE ZAČINJENE BRESKVE 22
9. CHUTNEY OD UKISELJENIH SMOKAVA I CRVENOG LUKA 24
10. CHUTNEY OD BAZGE I ŠLJIVE 26
11. KARAMELIZIRANI CHUTNEY OD KRUŠKE I NARA 28
12. OŠTAR (FERMENTIRANI) VOĆNI AJVAR 30
13. CHUTNEY OD KANDIRANOG VOĆA 32
14. ROŠTILJ OD VOĆA CHUTNEY 34
15. SLATKO-KISELI AJVAR OD PAPAJE 36
16. CHUTNEY OD JABUKA I SUHIH ŠLJIVA 38
17. CHUTNEY OD KARAMBOLE 40
18. CHUTNEY OD DUNJE ZAČINJEN KARDAMOMOM 42
19. BANANA CHUTNEY 44
20. CHUTNEY OD DATULJA I NARANČE 46
21. CHUTNEY OD SVJEŽEG ANANASA 48
22. CHUTNEY OD LIMETE 50
23. CHUTNEY OD LIMETE I JABUKE 52
24. CHUTNEY OD DIMLJENE JABUKE 54
25. CHUTNEY OD NEKTARINE 56
26. BRZI AJVAR OD BRESKVE 58
27. CHUTNEY OD MANGA ZAČINJEN KARDAMOMOM 60
28. CHUTNEY OD LUBENICE S PAPROM 62
29. CHUTNEY OD ŠLJIVA S GROŽĐICAMA 64
30. CHUTNEY OD BRESKVE OD OCTA 66
31. CHUTNEY OD ČEŠNJAKA I LIMETE 69
32. ANANAS I JALAPENO CHUTNEY 71
33. CHUTNEY SA ZAČINJENIM JABUKAMA I BRUSNICAMA 73
34. SLATKI I LJUTI CHUTNEY OD MANGA 75
35. CHUTNEY OD TREŠNJE I BALZAMA 77
36. CHUTNEY OD KRUŠKE I ĐUMBIRA 79
37. ZAČINJENI CHUTNEY OD ŠLJIVA 81
38. CHUTNEY OD KIVIJA I ANANASA 83

ČUTNI OD POVRĆA ... 85

39. Chutney od patlidžana i rajčice ...86
40. Chutney od rabarbare ...89
41. Chutney od luka ...91
42. Chutney od tikvica ...93
43. Chutney od rajčice s čileom ...95
44. Chutney od mrkve i đumbira ...98
45. Chutney od paprike ...100
46. Začinjeni ajvar od cvjetače ...102
47. Chutney od cikle ...104
48. Chutney od špinata i kikirikija ...106
49. Chutney od rotkvica ...108
50. Chutney od kukuruza i rajčice ...110
51. Chutney od zelenog graha ...112
52. Začinjeni Chutney od zelenih rajčica ...114
53. Chutney od bundeve i grožđica ...116
54. Chutney od špinata i kokosa ...118
55. Chutney od rotkvica i mente ...120
56. Capsicum (paprika) i Chutney od rajčice ...122
57. Začinjeni ajvar od brinjala (patlidžana). ...124
58. Začinjeni Chutney od mrkve ...126
59. Tangy Ridge tikva (Luffa) Chutney ...128

BILJNI ČATNI ... 130

60. Fidžijski cilantro i ajvar od limete ...131
61. Chutney od cilantro-mente ...133
62. Chutney od kokosa i cilantra ...135
63. Chutney od ananasa i mente ...137
64. Klice piskavice i Chutney od rajčice ...139
65. Chutney od korijandera ...141
66. Pesto Chutney od bosiljka ...143
67. Chutney od kopra i jogurta ...145
68. Chutney od peršina i oraha ...147
69. Chutney od ružmarina i badema ...149
70. Chutney od mente i indijskih oraha ...151
71. Chutney od cilantra i kikirikija ...153
72. Chutney od vlasca i oraha ...155
73. Chutney od kadulje i lješnjaka ...157
74. Chutney od limuna i timijana ...159
75. Chutney od estragona i pistacija ...161
76. Chutney od origana i oraha ...163
77. Chutney od kadulje i pinjola ...165
78. Chutney od ružmarina i češnjaka ...167
79. Chutney od vlasca i korice limuna ...169

80. CHUTNEY OD KADULJE I LIMUNA I TIMIJANA 171
81. CHUTNEY OD BOSILJKA I SUŠENIH RAJČICA 173
82. ESTRAGON I ŠALOTKA CHUTNEY 175
83. LEMON VERBENA I CHUTNEY OD BADEMA 177
84. CHUTNEY OD MAŽURANA I LJEŠNJAKA 179
85. CHUTNEY OD ORIGANA I PEKAN ORAHA 181

CVJETNI CHUTNEY 183
86. ŠIPAK I SULTANIJA CHUTNEY 184
87. CHUTNEY OD LAVANDE I MEDA 186
88. CHUTNEY OD LATICA RUŽE I KARDAMOMA 188
89. CHUTNEY OD BAZGE I LIMUNA 190
90. SQUASH BLOSSOM CHUTNEY 192

CHILI CHUTNEY 194
91. VRUĆE CHILLI CHUTNEY 195
92. HABANERO AJVAR OD JABUKE 197
93. CHUTNEY OD ZELENOG ČILIJA I KORIJANDERA 199
94. SLATKI ČILI AJVAR 201
95. CHILI CHUTNEY OD KOKOSA 203
96. CHILI CHUTNEY OD PAPRIKE 205

CHUTNEY OD OREHA 207
97. CHUTNEY OD KIKIRIKIJA 208
98. CHUTNEY OD BADEMA 210
99. CHUTNEY OD INDIJSKIH ORAHA 212
100. CHUTNEY OD ORAHA 214

ZAKLJUČAK 216

UVOD

Dobrodošli u "KUHARICA «ŽIVOT S ČATNIJEM»: Uronite u umjetnost pravljenja Chutneyja sa 100 slatkih recepata." Chutney, sa svojim odvažnim okusima, živim bojama i raznolikom upotrebom, kamen su temeljac indijske kuhinje i omiljeni začin u kojem uživaju diljem svijeta. U ovoj kuharici pozivamo vas da istražite bogat i raznolik svijet pripreme ajvara, otkrivajući 100 ukusnih recepata koji će poboljšati vaša jela i probuditi nepce.

Chutneyji su više nego samo prilog; oni su slavlje okusa, ravnoteže i tradicije. U ovoj kuharici zaronit ćemo u umjetnost pripreme ajvara, od odabira najsvježijih sastojaka do balansiranja začina, slatkoće i kiselosti kako bismo stvorili skladne mješavine okusa. Bilo da ste obožavatelj klasičnih favorita kao što su chutney od manga i mente ili želite eksperimentirati s inovativnim kombinacijama i modernim zaokretima, na ovim stranicama pronaći ćete obilje inspiracije.

Svaki recept u ovoj kuharici izrađen je s pažnjom i pažnjom za detalje, osiguravajući da svaka serija ajvara koji napravite bude puna okusa i autentičnosti. Od ljutog chutneya od rajčice do vatrenog zelenog chili chutneya, od slatkog i ljutog chutneya od ananasa do aromatičnog chutneya od kokosa, postoji chutney za svako nepce i svaku priliku.

Uz jasne upute, korisne savjete i zadivljujuće fotografije, "KUHARICA «ŽIVOT S ČATNIJEM»" olakšava svladavanje umjetnosti pripreme ajvara u vlastitoj kuhinji. Bilo da poslužujete chutney kao dodatak svojim omiljenim indijskim jelima, dodajete li ga u sendviče i zamotuljke ili ga koristite za dodavanje okusa marinadama i preljevima, ovi će recepti zasigurno impresionirati i oduševiti.

VOĆNI CHUTNEY

1. Amaretto Chutney od brusnice

SASTOJCI:
- 1 šalica svježih brusnica
- ¼ šalice likera Amaretto
- ¼ šalice jabučnog octa
- ¼ šalice meda
- ¼ šalice nasjeckanog luka
- 1 žlica naribanog svježeg đumbira
- ¼ žličice cimeta
- Posolite i popaprite po ukusu

UPUTE:
a) U srednje velikoj tavi pomiješajte brusnice, amaretto, jabučni ocat, med, luk, đumbir, cimet, sol i papar.
b) Pustite da lagano kuha na srednjoj vatri uz povremeno miješanje.
c) Kuhajte dok brusnice ne popucaju i smjesa se zgusne oko 10-15 minuta.
d) Začinite prema ukusu, po želji dodajte još soli ili meda.
e) Poslužite kao začin pečenom mesu ili kao namaz za sendviče.

2. Chutney od brusnice i smokve

SASTOJCI:
- 4 šalice krupno nasjeckanih brusnica
- 1 korijen đumbira od jednog inča, oguljen i sitno narezan
- 1 velika Navel naranča, narezana na četvrtine i sitno nasjeckana
- 1 mali luk, sitno nasjeckan
- ½ šalice sušenog ribiza
- 5 suhih smokava, sitno narezanih
- ½ šalice oraha, prženih i grubo nasjeckanih
- 2 žlice sjemenki gorušice
- 2 žlice jabučnog octa
- ¾ šalice burbona ili škotskog viskija (po izboru)
- 1½ šalice svijetlo smeđeg šećera
- 2 žličice mljevenog cimeta
- 1 žličica mljevenog muškatnog oraščića
- ½ žličice mljevenog klinčića
- ½ žličice soli
- ⅛ žličice kajenskog papra

UPUTE:
a) U tavi od 4 litre pomiješajte krupno nasjeckane brusnice, sitno nasjeckani đumbir, sitno nasjeckanu pupavku, luk narezan na kockice, sušeni ribizl, narezane suhe smokve, pržene i nasjeckane orahe, sjemenke gorušice, nasjeckani đumbir, jabukov ocat i viski (ako koristeći).
b) U maloj zdjeli dobro pomiješajte smeđi šećer, cimet, muškatni oraščić, klinčiće, sol i kajenski papar.
c) Dodajte suhe sastojke iz male zdjelice u lonac s ostalim sastojcima. Promiješajte da se sve sjedini.
d) Zagrijte smjesu dok ne zavrije.
e) Smanjite vatru i pustite da se chutney kuha 25-30 minuta uz često miješanje.
f) Kada je gotov, ostavite chutney da se ohladi, a zatim ga stavite u hladnjak do 2 tjedna. Alternativno, može se zamrznuti do 1 godine.
g) Uživajte u ukusnom Chutneyju od smokve i brusnice!

3.Chutney od zmajevog voća

SASTOJCI:
- 1 dragon voće, narezano na kockice
- 1 žlica biljnog ulja
- 1 manja glavica luka sitno nasjeckana
- 2 režnja češnjaka, mljevena
- 1 žlica naribanog đumbira
- ¼ šalice smeđeg šećera
- ¼ šalice jabučnog octa
- ¼ žličice mljevenog cimeta
- Posolite i popaprite po ukusu

UPUTE:
a) Zagrijte ulje u srednje jakoj tavi na srednjoj vatri.
b) Dodajte luk, češnjak i đumbir i pirjajte dok luk ne omekša i postane proziran, oko 5 minuta.
c) Dodajte zmajevo voće narezano na kockice, smeđi šećer, jabučni ocat, cimet, sol i papar.
d) Pustite da zavrije, zatim smanjite vatru i pustite da kuha dok se umak ne zgusne i zmajevo voće ne omekša oko 15-20 minuta.
e) Poslužite kao začin mesu s roštilja ili kao umak za umakanje proljetnih rolica.

4.Chutney od brusnice i naranče

SASTOJCI:
- 24 unce cijelih brusnica , ispranih
- 2 šalice bijelog luka , nasjeckanog
- 4 žličice đumbira , oguljenog, naribanog
- 2 šalice zlatnih grožđica
- 1 1/2 šalice bijelog šećera
- 2 šalice 5% bijelog destiliranog octa
- 1 1/2 šalice smeđeg šećera
- 1 šalica soka od naranče
- 3 štapića cimeta

UPUTE:
a) Pomiješajte sve sastojke pomoću pećnice . Kuhajte na visokoj temperaturi ; pirjati 15 minuta .
b) Uklonite štapiće cimeta i bacite.
c) Punite u staklenke, ostavljajući 1/2 inča prostora .
d) Otpustite mjehuriće zraka.
e) Staklenke dobro zatvorite, pa zagrijavajte 5 minuta u vodenoj kupelji.

5. Fijian Chili Mango Chutney

SASTOJCI:
- 2 zrela manga, oguljena, bez koštica i narezana na kockice
- ½ šalice šećera
- ¼ šalice octa
- 2-3 crvene čili papričice, sitno nasjeckane (začine prilagodite svojim željama)
- ½ žličice đumbira, naribanog
- ½ žličice mljevenog klinčića
- Posolite po ukusu

UPUTE:
a) U loncu pomiješajte mango, šećer, ocat, crvenu čili papričicu, đumbir, mljeveni klinčić i prstohvat soli.
b) Kuhajte na laganoj vatri uz povremeno miješanje dok se smjesa ne zgusne, a mango omekša.
c) Ostavite ajvar da se ohladi pa ga spremite u staklenku. Ovaj začinjeni chutney od manga savršen je za dodavanje slatkog i ljutog okusa vašim jelima.

6.Chutney od manga

SASTOJCI:
- 11 šalica nasjeckanog nezrelog manga
- 2 1/2 žlice naribanog svježeg đumbira
- 4 1/2 šalice šećera
- 1 žličica soli za konzerviranje
- 1 1/2 žlice nasjeckani svježi češnjak
- 3 šalice 5% bijelog destiliranog octa
- 2 1/2 šalice žutog luka, nasjeckanog
- 2 1/2 šalice zlatnih grožđica
- 4 žličice čilija u prahu r

UPUTE:
a) Pomiješajte šećer i ocat u a lonac za zalihe. Donesite 5 minuta. Dodajte sve ostale sastojke .
b) Kuhajte 25 minuta, povremeno pomjerajući .
c) Napunite smjesu u staklenke, ostavljajući 1/2 inča prostora . Otpustite mjehuriće zraka.
d) Staklenke dobro zatvorite, pa zagrijavajte 5 minuta u vodenoj kupelji.

7. Fidžijski začinjeni čatney od tamarinda

SASTOJCI:
- 1 šalica pulpe tamarinda
- ½ šalice smeđeg šećera
- ¼ šalice vode
- 2-3 češnja češnjaka, nasjeckana
- 1-2 crvene čili papričice, sitno nasjeckane (začine prilagodite svojim željama)
- Posolite po ukusu

UPUTE:
a) U loncu pomiješajte pulpu tamarinda, smeđi šećer, vodu, mljeveni češnjak i nasjeckane čili papričice.
b) Kuhajte na laganoj vatri uz neprestano miješanje dok se smjesa ne zgusne i šećer ne otopi.
c) Posolite po ukusu.
d) Pustite da se chutney ohladi, a zatim poslužite kao začinjeno fidžijsko predjelo. Dobro se slaže s prženim ili grilovanim zalogajima.

8.Chutney od uzgojene začinjene breskve

SASTOJCI:
- ½ malog luka, nasjeckanog (oko ⅓ šalice nasjeckanog) i pirjanog
- 2 breskve srednje veličine, bez koštica i grubo nasjeckane
- ½ žličice nerafinirane morske soli
- Prstohvat crnog papra
- ⅛ žličice klinčića
- ¼ žličice kurkume u prahu
- ½ žličice mljevenog korijandera
- ½ žličice cimeta
- 1 kajenska paprika, osušena i zgnječena
- 3 žlice sirutke, 2 probiotičke kapsule ili ½ žličice probiotičkog praha

UPUTE:
a) Pomiješajte sve sastojke u zdjeli; ako koristite probiotičke kapsule, ispraznite sadržaj u voćnu mješavinu i bacite prazne ljuske kapsula.
b) Miješajte dok se dobro ne izmiješa. Ulijte smjesu u staklenku od pola litre s poklopcem, poklopite i ostavite na sobnoj temperaturi otprilike dvanaest sati.
c) Stavite u hladnjak, gdje treba stajati oko četiri dana.

9. Chutney od ukiseljenih smokava i crvenog luka

SASTOJCI:
- 2 šalice svježih smokava, na četvrtine
- 1 veliki crveni luk, sitno narezan
- 1 šalica crvenog vinskog octa
- 1/2 šalice meda
- 1 žličica sjemena gorušice
- 1/2 žličice crnog papra
- Prstohvat soli

UPUTE:
a) U loncu pomiješajte smokve narezane na četvrtine, crveni luk narezan na tanke ploške, vinski ocat, med, sjemenke gorušice, crni papar i prstohvat soli.
b) Zakuhajte smjesu i kuhajte dok smokve i luk ne omekšaju.
c) Ostavite chutney da se ohladi prije nego što ga prebacite u čiste staklenke. Zatvorite i ohladite.

10. Chutney od bazge i šljive

SASTOJCI:
- ½ šalice crvenog luka, nasjeckanog
- 1 žlica maslinovog ulja
- 4 tamne šljive, očišćene od koštica i nasjeckane (oko 2 šalice)
- ½ šalice suhih plodova šipka (ili grožđica)
- ¾ šalice šećera
- 1 žličica mljevenog cimeta
- ½ žličice mljevenog đumbira
- ½ žličice suhih klinčića
- 1 šalica octa od bazge

UPUTE:
a) U tavi od 2 litre pirjajte luk na maslinovom ulju na srednjoj vatri, neprestano miješajući dok ne postane proziran, oko 5 minuta.
b) Dodajte šljive, šipurak, šećer, cimet, đumbir, klinčiće i bazgin ocat. Smanjite vatru na srednje nisku i kuhajte, nepoklopljeno, dok voće ne omekša i smjesa se zgusne, oko 25 minuta. Često miješajte da se ne zalijepe.
c) Pustite da se chutney ohladi i žlicom stavite u staklenku veličine pola litre. Čuvajte u hladnjaku do 6 mjeseci (ako ga prethodno ne pojedete!)
d) ZDRAVSTVENI SAVJET: Tamnocrvena, plava i ljubičasto pigmentirana hrana prirodno je bogata korisnim antioksidansima zvanim antocijanini, koji su korisni za zdravlje kardiovaskularnog sustava, prevenciju raka i reguliraju razinu glukoze. Bazge su posebno na vrhu moje liste za prevenciju prehlade i gripe zbog svoje visoke razine antivirusnog djelovanja. Pripravci od bazge, kao što su čajevi, sirupi, ocat, grmlje i želei, mogu poboljšati zdravlje dišnog sustava, smiriti upalu gornjih dišnih putova i djelovati kao ekspektorans za začepljena pluća.

11.Karamelizirani Chutney od kruške i nara

SASTOJCI:
- 2 velike zrele kruške (oguljene, bez koštice i narezane na kockice)
- 1 šalica šipka
- ½ šalice smeđeg šećera
- ¼ šalice jabučnog octa
- 1 žličica mljevenog cimeta
- ½ žličice mljevenog đumbira
- ¼ žličice mljevenog klinčića
- Prstohvat soli
- 1 žlica maslinovog ulja

UPUTE:

a) U tavi zagrijte maslinovo ulje na srednje jakoj vatri. Dodajte kruške narezane na kockice i pirjajte 3-4 minute dok ne omekšaju.

b) Pospite smeđi šećer preko krušaka i nastavite kuhati, često miješajući, dok se šećer ne karamelizira i prekrije kruške, oko 5-7 minuta. Ulijte jabučni ocat, miješajući da deglazira tavu.

c) Dodajte šipak, mljeveni cimet, mljeveni đumbir, mljeveni klinčić i prstohvat soli. Dobro promiješati.

d) Smanjite vatru i pirjajte još 10 minuta, ili dok se ajvar ne zgusne.

e) Maknite s vatre i pustite da se chutney ohladi prije nego što ga prebacite u staklenku ili posudu.

12. Oštar (fermentirani) voćni ajvar

SASTOJCI:
- 3-4 oguljene, nasjeckane jabuke, breskve ili ½ nasjeckanog ananasa
- ½ šalice suhih nasjeckanih marelica, suhih šljiva, žutih grožđica, brusnica, trešanja, pekan oraha
- 1 narezani poriluk
- Sok od dva limuna
- ¼ šalice sirutke, ocijeđene iz jogurta ili vodenog kefira ili kombuche (osigurava dobru fermentaciju)
- 2 žličice morske soli
- 1 žličica cimeta
- ⅛ žličice pahuljica crvene paprike
- Voda ili kokosova voda da pokrije

UPUTE:
a) U velikoj zdjeli pomiješajte sve sastojke, osim vode.
b) Pakirajte u čiste staklene posude, ostavljajući centimetar ili dva prostora na vrhu.
c) Pokrijte i ostavite na sobnoj temperaturi 2-3 dana.
d) Čuvajte u hladnjaku do mjesec dana ili zamrznite.

13. Chutney od kandiranog voća

SASTOJCI:
- 2 šalice miješanog kandiranog voća, nasjeckanog
- 1 šalica suhih marelica, nasjeckanih
- 1/2 šalice grožđica
- 1 šalica smeđeg šećera
- 1 šalica jabučnog octa
- 1 žličica mljevenog đumbira
- 1/2 žličice mljevenog cimeta
- Prstohvat kajenskog papra (po želji)

UPUTE:
a) U loncu pomiješajte sve sastojke i zakuhajte.
b) Smanjite vatru i kuhajte 30-40 minuta ili dok se chutney ne zgusne.
c) Ostavite da se ohladi prije posluživanja.
d) Ovaj chutney dobro se slaže s pečenim mesom, sirom ili kao namaz na sendviče.

14. Roštilj od voća Chutney

SASTOJCI:
- 16 malih luka
- 1¼ šalice suhog bijelog vina
- 4 umjerene s marelice
- 2 velike breskve
- 2 cijele rajčice šljive
- 12 cijelih suhih šljiva
- 2 umjerena s češnja češnjaka
- 2 žlice soja umaka s niskim sadržajem natrija
- ½ šalice tamno smeđeg šećera
- ¼ žličice pahuljica crvene paprike

UPUTE:
a) U malom loncu pomiješajte ljutiku i vino; pustite da zavrije na jakoj vatri.
b) Smanjite vatru na umjereno nisku i pustite da krčka, poklopite poklopcem , dok ljutika ne omekša, 15 do 20 minuta
c) Pomiješajte preostale sastojke u velikom loncu, dodajte ljutiku i vino te pustite da zavrije na jakoj vatri. Smanjite vatru na umjerenu ; kuhajte dok se voće ne raspadne, ali još uvijek bude krupno, 10 do 15 minuta. Ostavite da se ohladi.
d) Potez djelić umaka u procesor hrane i pire. Koristite ovo kao salamuru

15. Slatko-kiseli ajvar od papaje

SASTOJCI:
- 1 papaja (svježa; zrela ili u teglicama)
- 1 mali crveni luk; Vrlo tanko nasjeckan
- 1 umjerena rajčica (do 2); bez sjemenki, narezana na male kockice
- ½ šalice segmentiranog mladog luka
- 1 manji ananas; narezan na kockice
- 1 žlica meda
- Sol; po ukusu
- Svježe mljeveni crni papar; po ukusu
- ½ Svježi jalapeno; fino narezan na kockice

UPUTE:
Izmiksati u mikseru

16. Chutney od jabuka i suhih šljiva

SASTOJCI:
- 700 gr. (1 funta, 8 oz.) jabuka, oguljenih, očišćenih od koštice i narezanih na kockice
- 1250 gr. (2 funte, 11 oz.) suhih šljiva
- 450 gr. (1 funta) luka, oguljenog i narezanog na kockice
- 2 šalice sultanije
- 2 šalice jabučnog octa
- 2⅔ šalice mekog smeđeg šećera
- 1 žlica soli
- 1 žličica mljevenog pimenta
- 1 žličica mljevenog đumbira
- ¼ žličice mljevenog muškatnog oraščića
- ¼ žličice mljevenog kajenskog papra
- ¼ žličice mljevenog klinčića
- 2 žličice sjemena gorušice
- Sterilizirane staklene tegle

UPUTE:
Zakuhajte sve sastojke u prilično velikoj tavi. Smanjite vatru. Kuhajte otprilike 2 sata.
Kada je smjesa dovoljno gusta, ajvar sipati u sterilizirane staklenke i odmah zatvoriti.

17. Chutney od karambole

SASTOJCI:
- 2 šalice karambole (zvjezdasto voće) narezane na kocke (3/4 lb)
- ¼ šalice šećera
- ½ šalice suhog crnog vina
- 1 žlica đumbira, oguljenog i sitno narezanog na kockice
- ¼ žličice mljevenog klinčića
- 2 žlice bijelog vinskog octa

UPUTE:
Pomiješajte sve sastojke u umjereno jakoj posudi i dobro promiješajte. Zakuhajte na umjereno jakoj vatri i kuhajte 25 minuta ili dok se malo ne zgusne.

18. Chutney od dunje začinjen kardamomom

SASTOJCI:
- 2 dunje, oguljene, očišćene od koštice i narezane na kockice
- 1 glavica luka sitno nasjeckana
- 1/2 šalice smeđeg šećera
- 1/4 šalice jabučnog octa
- 1 žličica mljevenog kardamoma
- 1/2 žličice mljevenog cimeta
- 1/4 žličice mljevenog klinčića
- Prstohvat soli

UPUTE:
a) U loncu pomiješajte dunje narezane na kockice, nasjeckani luk, smeđi šećer, jabučni ocat, mljeveni kardamom, mljeveni cimet, mljeveni klinčić i prstohvat soli.
b) Pustite smjesu da zavrije, zatim smanjite vatru i kuhajte oko 30-40 minuta ili dok dunje ne omekšaju, a chutney se zgusne.
c) Slatkoću i začine prilagodite ukusu.
d) Prije posluživanja ostavite chutney od dunja da se ohladi. Dobro se slaže sa sirom, pečenim mesom ili kao začin za sendviče.

19. Banana Chutney

SASTOJCI:
- 6 banana
- 1 šalica mljevenog luka
- 1 šalica grožđica
- 1 šalica mljevenih tart jabuka
- 1 šalica jabučnog octa
- 2 šalice šećera
- 1 žlica soli
- 1 žličica mljevenog đumbira
- 1 žličica muškatnog oraščića
- ¼ šalice kajenskog papra
- ⅓ šalice soka od limuna
- 3 češnja češnjaka samljevena

UPUTE:
Ogulite i zgnječite banane. U velikoj posudi za pečenje pomiješajte sve sastojke. Pecite na roštilju na 350° oko 2 sata, povremeno miješajući. Kad se zgusne, sipati u sterilizirane staklenke i zatvoriti.

20.Chutney od datulja i naranče

SASTOJCI:
- 1 funta neobrađenih naranči
- 3½ šalice šećera
- 7 žlica zlatnog sirupa
- 2 žlice krupne soli
- ¼ žličice sušenog čilija; zdrobljenog
- 6¾ šalice sladnog octa
- 1 funta luka; narezan na kockice
- 1 funta Datulje očišćene od koštica i narezane na kockice
- 1 funta grožđica

UPUTE:
Naribajte koricu naranče i ostavite sa strane. Izvadite košticu iz naranče i bacite sjemenke. Sitno nasjeckajte meso naranče. U velikom loncu od nehrđajućeg čelika pomiješajte šećer, sirup, sol, čili i ocat.
Pustite da zakipi na jakoj vatri, miješajući da se šećer otopi. Dodajte naranče, luk, datulje, grožđice i naribanu koricu u komadiće. Smanjite vatru i kuhajte dok ne postane gusto, oko 1 sat. Umiješajte preostalu narančinu koricu.

21.Chutney od svježeg ananasa

SASTOJCI:
- 1 Lg (6-7 lb) svježeg ananasa
- 1 žlica soli
- ½Lg režnja češnjaka, zgnječenog
- 1¾ šalice grožđica bez sjemenki
- 1¼ šalice svijetlo smeđeg šećera
- 1 šalica jabučnog octa
- 2 štapića cimeta od 2 inča
- ¼ žličice mljevenog klinčića

UPUTE:
Ananas ogulite, izrežite na segmente i sitno nasjeckajte. pospite solju i ostavite 1½ sata. Ocijedite.
Stavite češnjak i grožđice kroz sjeckalicu pomoću umjerene oštrice. Dodajte ananasu.
Pomiješajte šećer, ocat i začine u loncu i zagrijte do točke vrenja.
Dodajte mješavinu voća i kuhajte na umjerenoj vatri dok se ne zgusne, oko 45 minuta. Ulijte u vruće, sterilizirane frakcijske staklenke i odmah zatvorite.

22. Chutney od limete

SASTOJCI:
- 12 limeta
- 2 mahune češnjaka
- Komad đumbira od 4 inča
- 8 zelenih čilija
- 1 žlica čilija u prahu
- 12 žlica šećera
- 1 šalica octa

UPUTE:
a) Očistite limete i nasjeckajte na manje komade, uklanjajući sjemenke. Sačuvajte sav sok od limete koji se skupi tijekom sjeckanja. Češnjak, đumbir i čili sitno nasjeckajte.
b) Pomiješajte sve sastojke osim octa. Kuhajte na laganoj vatri dok se smjesa ne zgusne.
c) Dodajte ocat i kuhajte 5 minuta.
d) Ohladite i flaširajte. Pojedite nakon 3-4 tjedna.

23. Chutney od limete i jabuke

SASTOJCI:
- ¼ šalice svježeg soka od limete
- 1 žlica soli
- 1 mali luk; vrlo sitno
- 1½ funte kiselih zelenih jabuka
- ¼ žličice pahuljica crvene čili paprike
- 1½ čajna žličica meda
- ¼ šalice nasjeckanog nezaslađenog kokosa

UPUTE:
U posudi koja ne reaguje, pomiješajte sok limete i sol i miješajte dok se sol ne otopi.
Dodajte luk, jabuke, papričice, med i kokos. Promiješajte da se izmiješa, zatim pokrijte poklopcem i ostavite da odstoji najmanje 10 minuta prije porcije .

24. Chutney od dimljene jabuke

SASTOJCI:
- 4 funte jabuke Granny Smith, oguljene i segmentirane
- 1 velika crvena ili zelena paprika, očišćena od sjemenki i narezana na kockice
- 2 velika žuta luka, narezana na kockice
- 1 veliki režanj češnjaka, mljeveni
- 1 2" komada svježeg đumbira, tanko segmentiranog
- 2 žlice sjemena žute gorušice
- ½ šalice jabučnog octa
- ¼ šalice vode
- 1 šalica smeđeg šećera, pakirano
- ¾ šalice grožđica ili tekućine

UPUTE:
Pomiješajte sve sastojke u loncu. Promiješajte da se izmiješa. Stavite na gornju rešetku smokera. Pokrijte pušnicom s poklopcem i pušite 4 do 5 sati, povremeno miješajući chutney. Dodajte još vode ako je potrebno. Sve ostatke možete čuvati u staklenkama s poklopcem u hladnjaku nekoliko tjedana.

25.Chutney od nektarine

SASTOJCI:
- 1 šalica svijetlo smeđeg šećera (pakirano)
- ½ šalice jabučnog octa
- 4 nektarine, oguljene i narezane na kockice (do 5)
- 1 šalica grožđica
- 1 cijeli limun, kora od
- 1 cijeli limun, oguljen, bez sjemenki i narezan na kockice
- 2 žlice svježeg đumbira, mljevenog
- 1 veliki češanj češnjaka, samljeven
- ½ žličice curry praha
- ¼ žličice Cayennea

UPUTE:

U umjerenom loncu koji ne reaguje kuhajte ocat i smeđi šećer na umjerenoj vatri, miješajući da se šećer otopi. Pustite da zavrije. Dodajte preostale sastojke.

Kuhajte 3 do 5 minuta. Skinite s vatre i ohladite. Ostavite u hladnjaku 2 tjedna ili možete. Poslužite uz perad, svinjetinu ili šunku.

26. Brzi ajvar od breskve

SASTOJCI:
- 2 limenke razrezane breskve u soku; (16 oz) rezervni sok
- ¼ šalice plus 1 žlica bijelog vinskog octa
- ¼ šalice šećera
- ½ šalice luka; sitno narezanog na kockice
- 1 mali Jalapeno, bez peteljki, sjemenki; sitno narezan na kockice
- ½ žličice mljevenog kima
- ¼ žličice kurkume
- ¼ žličice mljevenog cimeta
- ⅓ šalice zlatnih grožđica

UPUTE:
a) U loncu za umake umjerene veličine, koji nije od aluminija, pomiješajte ocat, šećer, luk i jalapeno. Miješajte na umjerenoj - laganoj vatri 3 minute.
b) Ocijeđenu breskvu preradite u grubi pire u procesoru hrane. Dodajte u tavu s ¼ šalice sačuvanog soka od breskve, kumina, kurkume, cimeta i grožđica.
c) Zakuhajte, smanjite vatru i kuhajte 20 minuta, često miješajući.
d) Premjestite chutney u posudu. Poslužite toplo ili na sobnoj temperaturi.

27.Chutney od manga začinjen kardamomom

SASTOJCI:
- 2 šalice zrelog manga narezanog na kockice
- 1/2 šalice nasjeckanog crvenog luka
- 1/4 šalice grožđica
- 1/2 šalice smeđeg šećera
- 1/2 šalice jabučnog octa
- 1 žličica mljevenog kardamoma
- 1/2 žličice mljevenog đumbira
- 1/4 žličice pahuljica crvene paprike (po želji)
- Posolite po ukusu

UPUTE:
a) U loncu pomiješajte mango narezan na kockice, crveni luk, grožđice, smeđi šećer, jabučni ocat, mljeveni kardamom, mljeveni đumbir i ljuskice crvene paprike.
b) Zakuhajte smjesu, zatim smanjite vatru i kuhajte oko 30-40 minuta ili dok se chutney ne zgusne.
c) Posolite po ukusu.
d) Ostavite chutney da se ohladi prije posluživanja. Dobro se slaže uz meso s roštilja, curryje ili kao začin za sendviče.

28.Chutney od lubenice s paprom

SASTOJCI:
- Kora 1 srednje (6 do 8 funti / 2,7 do 3,6 kg) lubenice, nasjeckana na komade od ½ inča (4 šalice)
- 1 veliki slatki luk, sitno nasjeckan (1½ šalice)
- 1 velika žuta paprika, sitno nasjeckana (1 šalica)
- 3 serrano paprike, bez sjemenki i sitno nasjeckane (½ šalice)
- ¼ šalice naribanog oguljenog svježeg đumbira (oko 6 inča)
- 1½ šalice bijelog vinskog octa
- 1½ šalice šećera
- 1 žlica sjemenki gorušice
- 2 žličice mljevene kurkume
- 1 žličica soli

UPUTE:
a) Ovaj se recept pakira vruće, stoga čiste staklenke stavite u vruću vodu. U manji lonac dodajte poklopce i prstenove, 1 žlicu destiliranog bijelog octa i vode da prekrije. Kuhajte 5 minuta, zatim maknite s vatre i ostavite sa strane.
b) U velikom loncu pomiješajte koru lubenice, luk, papriku, serranos, đumbir, ocat, šećer, sjemenke gorušice, kurkumu i sol. Dobro promiješajte. Pustite da zavrije na srednje jakoj vatri, često miješajući. Smanjite vatru na nisku; kuhati 1 sat uz često miješanje.
c) Vruće staklenke stavite na dasku za rezanje. Pomoću lijevka ulijte vrući chutney u staklenke, ostavljajući ½ inča slobodnog prostora. Uklonite sve mjehuriće zraka i dodajte još ajvara ako je potrebno kako biste zadržali prostor iznad ½ inča.
d) Obrišite rub svake staklenke toplom krpom umočenom u destilirani bijeli ocat. Stavite poklopac i prsten na svaku staklenku i zategnite rukom.
e) Stavite staklenke u posudu za kupanje, pazeći da je svaka staklenka pokrivena s najmanje 1 inč vode. Dodajte 2 žlice destiliranog bijelog octa u vodu i pojačajte vatru.
f) Pustite da prokuha i kuhajte 10 minuta.
g) Pazite da ne pokrenete mjerač vremena dok voda potpuno ne proključa. Nakon obrade pričekajte 5 minuta prije nego izvadite staklenke iz konzerve.

29.Chutney od šljiva s grožđicama

SASTOJCI:

- 3 funte (1,4 kg) šljiva (20 srednjih), bez koštica i nasjeckanih (10 šalica)
- 2 šalice pakiranog svijetlog ili tamno smeđeg šećera
- 2 šalice jabučnog octa
- 2 šalice grožđica
- 1 veliki luk, sitno nasjeckan (1 šalica)
- 2 žličice mljevenog svježeg đumbira
- 2 žlice sjemenki gorušice
- ½ žličice soli
- 1 češanj češnjaka, samljeven

UPUTE:

a) Ovaj se recept pakira vruće, stoga čiste staklenke stavite u vruću vodu. U manji lonac dodajte poklopce i prstenove, 1 žlicu destiliranog bijelog octa i vode da prekrije. Kuhajte 5 minuta, zatim maknite s vatre i ostavite sa strane.

b) U velikom loncu pomiješajte šljive, smeđi šećer, ocat, grožđice, luk, đumbir, sjemenke gorušice, sol i češnjak. Dobro promiješajte. Pustite da zavrije na srednje jakoj vatri, često miješajući. Smanjite vatru i kuhajte 30 minuta, često miješajući da ne zagori.

c) Vruće staklenke stavite na dasku za rezanje. Pomoću lijevka ulijte vrući chutney u staklenke, ostavljajući ½ inča slobodnog prostora. Uklonite sve mjehuriće zraka i dodajte još ajvara ako je potrebno kako biste zadržali prostor iznad ½ inča.

d) Obrišite rub svake staklenke toplom krpom umočenom u destilirani bijeli ocat. Stavite poklopac i prsten na svaku staklenku i zategnite rukom.

e) Stavite staklenke u posudu za kupanje, pazeći da je svaka staklenka pokrivena s najmanje 1 inč vode. Dodajte 2 žlice destiliranog bijelog octa u vodu i pojačajte vatru. Pustite da prokuha i kuhajte 10 minuta. Pazite da ne pokrenete mjerač vremena dok voda potpuno ne proključa.

f) Nakon obrade pričekajte 5 minuta prije nego izvadite staklenke iz konzerve.

30.Chutney od breskve od octa

SASTOJCI:
- 5 funti (2,3 kg) žutih breskvi ili nektarina, oguljenih, bez koštica i narezanih na kockice od ½ inča
- 2 šalice šećera
- 1½ šalice jabučnog octa
- 1 šalica nasjeckanog slatkog luka
- ¾ šalice grožđica
- 2 ili 3 jalapeño paprike, narezane na kockice
- 1 slatka banana paprika ili ½ žute paprike narezane na kockice
- 3 žlice sjemena gorušice
- 2 žlice naribanog svježeg đumbira
- 2 režnja češnjaka, mljevena
- 1 žličica garam masale
- ½ žličice mljevene kurkume

UPUTE:
a) Pripremite kupku s toplom vodom. U to stavite staklenke da budu tople. Operite poklopce i prstenove u vrućoj vodi sa sapunicom i ostavite sa strane.
b) U dubljem loncu ili loncu za konzerviranje stavite na srednju vatru, pomiješajte breskve, šećer, jabukov ocat, luk, grožđice, jalapeños, bananu, papriku, sjemenke gorušice, đumbir, češnjak, garam masalu i kurkumu. Polako zakuhajte uz često miješanje. Smanjite vatru na najnižu. Kuhajte na laganoj vatri 1 sat ili dok se ne zgusne.
c) Rasipajte chutney u pripremljene staklenke, ostavljajući ¼ inča slobodnog prostora. Koristite nemetalni pribor za ispuštanje mjehurića zraka. Obrišite naplatke i zatvorite ih poklopcima i prstenovima.
d) Obradite staklenke u vrućoj vodenoj kupelji 10 minuta. Ugasite vatru i ostavite staklenke da odstoje u vodenoj kupelji 10 minuta.
e) Pažljivo izvadite staklenke iz posude s vrućom vodom. Stavite na hlađenje 12 sati.
f) Provjerite da li poklopci dobro brtve. Skinite kolutove, obrišite staklenke, označite ih i datirajte te prebacite u ormar ili smočnicu.
g) Za najbolji okus, ostavite chutney da se stvrdne 3 do 4 tjedna prije posluživanja. Sve staklenke koje nisu dobro zatvorene stavite u hladnjak i upotrijebite u roku od 6 tjedana. Pravilno zatvorene staklenke izdržat će u ormaru 12 mjeseci. Nakon otvaranja čuvati u hladnjaku i potrošiti unutar 6 tjedana.

31.Chutney od češnjaka i limete

SASTOJCI:
- 12 limeta, očišćenih i narezanih na kockice od ½ inča
- 12 češnjaka tanko narezanih po dužini
- 1 (4 inča) komad svježeg đumbira, oguljen i narezan na tanke ploške
- 8 zelenih čili papričica (jalapeños ili serranos), bez peteljki, sjemenki i tanko narezanih
- 1 žlica čilija u prahu
- 1 šalica destiliranog bijelog octa
- ¾ šalice šećera

UPUTE:
a) Pripremite kupku s toplom vodom. U to stavite staklenke da budu tople. Operite poklopce i prstenove u vrućoj vodi sa sapunicom i ostavite sa strane.
b) U srednje velikoj tavi pomiješajte limetu, češnjak, đumbir, čili i čili u prahu, dobro promiješajte i pustite da lagano kuha.
c) Dodajte ocat i šećer, vratite na vatru i kuhajte, povremeno miješajući, dok limete ne omekšaju i smjesa ne postane dovoljno gusta da se nasipa kad se ispusti sa žlice, oko 70 minuta. Maknite s vatre.
d) Rasipajte chutney u pripremljene staklenke, ostavljajući ¼ inča slobodnog prostora. Koristite nemetalni pribor za ispuštanje mjehurića zraka. Obrišite naplatke i zatvorite ih poklopcima i prstenovima.
e) Obradite staklenke u kupelji s vrućom vodom 20 minuta. Ugasite vatru i ostavite staklenke da odstoje u vodenoj kupelji 10 minuta.
f) Pažljivo izvadite staklenke iz posude s vrućom vodom. Stavite na hlađenje 12 sati.
g) Provjerite da li poklopci dobro brtve. Skinite kolutove, obrišite staklenke, označite ih i datirajte te prebacite u ormar ili smočnicu.
h) Za najbolji okus, ostavite chutney da odstoji 3 dana prije posluživanja. Sve staklenke koje nisu dobro zatvorene stavite u hladnjak i upotrijebite u roku od 6 tjedana. Pravilno zatvorene staklenke izdržat će u ormaru 12 mjeseci.
i) Nakon otvaranja čuvati u hladnjaku i potrošiti unutar 6 tjedana.

32. Ananas i Jalapeno Chutney

SASTOJCI:
- 2 šalice ananasa narezanog na kockice
- 1 jalapeno papričica, bez sjemenki i sitno nasjeckana
- 1/2 šalice jabučnog octa
- 1/4 šalice smeđeg šećera
- 1 žličica naribanog đumbira
- 1/2 žličice sjemena gorušice
- Prstohvat soli

UPUTE:
a) U loncu pomiješajte ananas narezan na kockice, nasjeckani jalapeno, jabučni ocat, smeđi šećer, naribani đumbir, sjemenke gorušice i prstohvat soli.
b) Zakuhajte smjesu na srednjoj vatri, zatim smanjite vatru i kuhajte oko 20-25 minuta uz povremeno miješanje dok se chutney ne zgusne.
c) Maknite s vatre i ostavite da se ohladi prije prebacivanja u sterilizirane staklenke. Čuvati u hladnjaku.

33. Chutney sa začinjenim jabukama i brusnicama

SASTOJCI:
- 2 šalice jabuka narezanih na kockice (kao što je Granny Smith)
- 1 šalica svježih ili smrznutih brusnica
- 1/2 šalice jabučnog octa
- 1/2 šalice granuliranog šećera
- 1/4 šalice vode
- 1 žličica mljevenog cimeta
- 1/4 žličice mljevenog klinčića
- Prstohvat soli

UPUTE:
a) U loncu pomiješajte jabuke narezane na kockice, brusnice, jabučni ocat, šećer, vodu, mljeveni cimet, mljevene klinčiće i prstohvat soli.
b) Zakuhajte smjesu na srednjoj vatri, zatim smanjite vatru i kuhajte oko 15-20 minuta uz povremeno miješanje dok jabuke i brusnice ne omekšaju, a chutney se zgusne.
c) Maknite s vatre i ostavite da se ohladi prije prebacivanja u sterilizirane staklenke. Čuvati u hladnjaku.

34.Slatki i ljuti Chutney od manga

SASTOJCI:
- 2 zrela manga, oguljena, bez koštica i narezana na kockice
- 1/2 šalice bijelog octa
- 1/2 šalice smeđeg šećera
- 1 manja glavica luka sitno nasjeckana
- 2 češnja češnjaka, mljevena
- 1 žlica naribanog đumbira
- 1 žličica sjemena gorušice
- 1/2 žličice mljevene kurkume
- 1/4 žličice kajenskog papra (po želji)
- Prstohvat soli

UPUTE:
a) U loncu pomiješajte mango narezan na kockice, bijeli ocat, smeđi šećer, nasjeckani luk, nasjeckani češnjak, naribani đumbir, sjemenke gorušice, mljevenu kurkumu, kajenski papar i prstohvat soli.
b) Zakuhajte smjesu na srednjoj vatri, zatim smanjite vatru i kuhajte oko 25-30 minuta uz povremeno miješanje dok se chutney ne zgusne.
c) Maknite s vatre i ostavite da se ohladi prije prebacivanja u sterilizirane staklenke. Čuvati u hladnjaku.

35.Chutney od trešnje i balzama

SASTOJCI:
- 2 šalice svježih ili smrznutih trešanja bez koštica
- 1/2 šalice balzamičnog octa
- 1/4 šalice meda
- 1/4 šalice vode
- 1 žličica ribane narančine korice
- 1/4 žličice mljevenog cimeta
- Prstohvat soli

UPUTE:
a) U loncu pomiješajte otkoštene višnje, balzamični ocat, med, vodu, naribanu koricu naranče, mljeveni cimet i prstohvat soli.
b) Zakuhajte smjesu na srednjoj vatri, zatim smanjite vatru i kuhajte oko 20-25 minuta uz povremeno miješanje dok višnje ne omekšaju i chutney se zgusne.
c) Maknite s vatre i ostavite da se ohladi prije prebacivanja u sterilizirane staklenke. Čuvati u hladnjaku.

36.Chutney od kruške i đumbira

SASTOJCI:
- 2 zrele kruške, oguljene, očišćene od koštice i narezane na kockice
- 1/2 šalice jabučnog octa
- 1/4 šalice granuliranog šećera
- 1/4 šalice smeđeg šećera
- 1 manja glavica luka sitno nasjeckana
- 2 žlice svježeg đumbira, mljevenog
- 1/2 žličice sjemena gorušice
- 1/4 žličice mljevenog cimeta
- Prstohvat soli

UPUTE:
a) U loncu pomiješajte kruške narezane na kockice, jabučni ocat, granulirani šećer, smeđi šećer, nasjeckani luk, mljeveni đumbir, sjemenke gorušice, mljeveni cimet i prstohvat soli.
b) Zakuhajte smjesu na srednjoj vatri, zatim smanjite vatru i kuhajte oko 20-25 minuta uz povremeno miješanje dok se chutney ne zgusne.
c) Maknite s vatre i ostavite da se ohladi prije prebacivanja u sterilizirane staklenke. Čuvati u hladnjaku.

37. Začinjeni Chutney od šljiva

SASTOJCI:
- 2 šalice šljiva narezanih na kockice
- 1/2 šalice jabučnog octa
- 1/4 šalice granuliranog šećera
- 1/4 šalice suhih brusnica
- 1 manja glavica luka sitno nasjeckana
- 2 češnja češnjaka, mljevena
- 1 žličica sjemena gorušice
- 1/2 žličice mljevenog đumbira
- 1/4 žličice mljevenog klinčića
- Prstohvat soli

UPUTE:
a) U loncu pomiješajte šljive narezane na kockice, jabučni ocat, kristalni šećer, sušene brusnice, nasjeckani luk, nasjeckani češnjak, sjemenke gorušice, mljeveni đumbir, mljevene klinčiće i prstohvat soli.
b) Zakuhajte smjesu na srednjoj vatri, zatim smanjite vatru i kuhajte oko 25-30 minuta uz povremeno miješanje dok se chutney ne zgusne.
c) Maknite s vatre i ostavite da se ohladi prije prebacivanja u sterilizirane staklenke. Čuvati u hladnjaku.

38. Chutney od kivija i ananasa

SASTOJCI:
- 2 zrela kivija, oguljena i narezana na kockice
- 1 šalica ananasa narezanog na kockice
- 1/2 šalice jabučnog octa
- 1/4 šalice smeđeg šećera
- 1 manja crvena paprika, narezana na kockice
- 1 manja glavica luka sitno nasjeckana
- 1 žličica naribanog đumbira
- 1/4 žličice pahuljica crvene paprike
- Prstohvat soli

UPUTE:
a) U loncu pomiješajte kivi narezan na kockice, ananas narezan na kockice, jabučni ocat, smeđi šećer, crvenu papriku narezanu na kockice, nasjeckani luk, naribani đumbir, ljuskice crvene paprike i prstohvat soli.
b) Zakuhajte smjesu na srednjoj vatri, zatim smanjite vatru i kuhajte oko 20-25 minuta uz povremeno miješanje dok se chutney ne zgusne.
c) Maknite s vatre i ostavite da se ohladi prije prebacivanja u sterilizirane staklenke. Čuvati u hladnjaku.

ČUTNI OD POVRĆA

39. Chutney od patlidžana i rajčice

SASTOJCI:
- 1,5 kg zrelih jaja ili vinove loze rajčica
- 1 ½ čajna žličica sjemenki komorača
- 1 ½ čajna žličica sjemenki kumina
- 1 ½ čajna žličica sjemenki smeđe gorušice
- ¼ šalice ekstra djevičanskog maslinovog ulja
- 2 glavice crvenog luka sitno nasjeckane
- 2 češnja češnjaka sitno nasjeckana
- 2 crvena ptičja čilija, očišćena od sjemenki i sitno nasjeckana
- 2 žličice listova majčine dušice
- 450 g patlidžana narezati na komade od 1 cm
- 3 jabuke Granny Smith, oguljene, očišćene od koštice i narezane na komade od 1 cm
- 1 šalica crvenog vinskog octa
- 1 šalica čvrsto pakiranog smeđeg šećera

UPUTE:
a) Napravite mali rez u obliku križa na dnu svake rajčice, a zatim ih blanširajte u tri odvojene serije u loncu kipuće vode oko 30 sekundi ili dok kožica ne počne opuštati. Nakon toga ih brzo ohladite u sudoperu napunjenom hladnom vodom, a zatim ogulite rajčice.
b) Pelate vodoravno prerežite na pola i izdubite sjemenke i sok u posudu; ovo ostavite sa strane. Meso rajčice grubo nasjeckajte i također stavite sa strane.
c) U velikoj tavi za umake, miješajte sjemenke komorača, sjemenke kumina i sjemenke smeđe gorušice na srednjoj vatri oko 1 minutu ili dok ne zamirišu. Zatim te začine prebacite u zdjelu.
d) Vratite lonac na srednju vatru i dodajte maslinovo ulje. Sada dodajte sitno nasjeckani luk, češnjak, čili, majčinu dušicu i 3 žličice soli. Povremeno promiješajte i kuhajte oko 5 minuta.
e) U smjesu ubacite patlidžan i nastavite kuhati uz povremeno miješanje otprilike 8 minuta ili dok povrće ne omekša. Dodajte nasjeckano meso rajčice, prethodno prepečene začine, jabuke, crveni vinski ocat i smeđi šećer.
f) Ocijedite sačuvane sokove od rajčice u lonac, odbacite sjemenke. Pustite smjesu da zakuha, zatim pustite da kuha oko 45 minuta, ili dok većina tekućine ne ispari.
g) Vrući ajvar žlicom rasporedite u sterilizirane staklenke dok je još topao i odmah zatvorite staklenke.

40.Chutney od rabarbare

SASTOJCI:
- 1 funta rabarbare
- 2 žličice krupno naribanog svježeg đumbira
- 2 češnja češnjaka
- 1 Jalapeno chile, (ili više) sjemenki i žilica Izvadite
- 1 žličica paprike
- 1 žlica sjemenki crne gorušice
- ¼ šalice ribiza
- 1 šalica svijetlo smeđeg šećera
- 1½ šalice svijetlog octa

UPUTE:
a) Operite rabarbaru i izrežite je na komade debljine ¼ inča. Ako su peteljke široke, najprije ih uzdužno prerežite na pola ili trećine.
b) Naribani đumbir s češnjakom i čilijem sitno nasjeckajte.
c) Stavite sve sastojke u posudu koja nije korozivna, zakuhajte, zatim smanjite vatru i kuhajte dok se rabarbara ne raspadne i dobije teksturu pekmeza, oko 30 minuta.
d) Čuvajte u hladnjaku u staklenoj posudi.

41. Chutney od luka

SASTOJCI:
- 6 šalica slatkog luka narezanog na kockice
- ½ šalice svježeg soka od limuna
- 2 žličice cijelog sjemena kima
- 1 žličica cijelog sjemena gorušice
- ½ žličice Tabasco umaka
- ¼ žličice pahuljica crvene paprike
- 2 žličice mljevene čili papričice
- ¼ šalice svijetlo smeđeg šećera
- Po 1 Posolite po ukusu

UPUTE:
Pomiješajte sve sastojke u jakom loncu na umjerenoj vatri. Pustite da prokuha, često miješajući. Kada smjesa zavrije, odmah je skinite s vatre i spakirajte u vruće sterilizirane staklenke. Vakuumirajte

42. Chutney od tikvica

SASTOJCI:
- 3 umjerene s Tikvice
- 1 luk
- ½ žličice Hing
- ½ žličice Tamcona
- 2 zelena čilija

UPUTE:
a) Popržite narezane tikvice, luk i zeleni čili. Dodajte kurkumu, sol, kuhajte na laganoj vatri 5 do 10 minuta. Prokuhajte tamcon, dodajte smjesi iznad.
b) Sve sameljite u mikseru.

43. Chutney od rajčice s čileom

SASTOJCI:
- 1 žličica sjemenki kumina
- 1 žličica sjemenki crne gorušice
- 1 žličica sjemenki korijandera
- 1 žličica sjemenki komorača
- 4 sušena čilija
- ½ žličice pahuljica crvene paprike
- 2 šalice bijelog octa
- ½ šalice šećera
- 8 šalica oguljenih, nasjeckanih i ocijeđenih romskih ili drugih rajčica
- 12 režnjeva češnjaka nasjeckanih
- 1 žličica soli za kiseljenje

UPUTE:
a) U vrućoj, suhoj tavi pomiješajte sjemenke kumina, sjemenke gorušice, sjemenke korijandera, sjemenke komorača i čili. Tostirajte začine uz stalno miješanje dok ne zamirišu. Premjestite začine u manju posudu. Dodajte ljuskice crvene paprike. Staviti na stranu.

b) U velikom loncu na srednjoj vatri pomiješajte bijeli ocat i šećer. Pustite da lagano kuha uz miješanje da se šećer otopi.

c) Dodajte rajčice, sačuvane začine i češnjak. Pustite da prokuha. Smanjite vatru na srednju. Pirjajte oko 1 i pol sat, ili dok se ne zgusne. U početku povremeno promiješajte, a kako se zgušnjava sve češće. Kad se zgusne, umiješajte sol za kiseljenje i maknite s vatre.

d) Pripremite kupku s toplom vodom. U to stavite staklenke da budu tople. Operite poklopce i prstenove u vrućoj vodi sa sapunicom i ostavite sa strane.

e) Rasipajte chutney u pripremljene staklenke, ostavljajući ½ inča slobodnog prostora. Koristite nemetalni pribor za ispuštanje mjehurića zraka. Obrišite naplatke i zatvorite ih poklopcima i prstenovima.

f) Obradite staklenke u kupelji s vrućom vodom 15 minuta. Ugasite vatru i ostavite staklenke da odstoje u vodenoj kupelji 10 minuta.

g) Pažljivo izvadite staklenke iz posude s vrućom vodom. Stavite na hlađenje 12 sati.
h) Provjerite da li poklopci dobro brtve. Skinite kolutove, obrišite staklenke, označite ih i datirajte te prebacite u ormar ili smočnicu.
i) Za najbolji okus, ostavite chutney da se stvrdne 3 do 4 tjedna prije posluživanja. Sve staklenke koje nisu dobro zatvorene stavite u hladnjak i upotrijebite u roku od 6 tjedana. Pravilno zatvorene staklenke izdržat će u ormariću 12 .

44. Chutney od mrkve i đumbira

SASTOJCI:
- 2 šalice naribane mrkve
- 1 žlica naribanog đumbira
- 1/2 šalice jabučnog octa
- 1/4 šalice meda ili smeđeg šećera
- 1 žličica sjemena gorušice
- 1/2 žličice sjemenki kumina
- 1/4 žličice kurkume u prahu
- Posolite po ukusu

UPUTE:
a) U tavi zagrijte žlicu ulja. Dodajte sjemenke gorušice i sjemenke kumina. Kad se rasprše dodajte naribanu mrkvu i naribani đumbir. Kuhajte dok mrkva ne omekša.
b) Dodajte jabučni ocat, med (ili smeđi šećer), kurkumu u prahu i sol. Dobro promiješati.
c) Kuhajte na laganoj vatri dok se smjesa ne zgusne uz povremeno miješanje. Slatkoću i začine prilagodite ukusu.
d) Pustite da se potpuno ohladi prije spremanja u sterilizirane staklenke. Ohladite i iskoristite u roku od nekoliko tjedana.

45.Chutney od paprike

SASTOJCI:
- 2 crvene paprike, narezane na kockice
- 1 zelena paprika, narezana na kockice
- 1 glavica luka nasjeckana
- 2 češnja češnjaka, mljevena
- 1-inčni komadić đumbira, naribanog
- 1 žlica biljnog ulja
- 2 žlice jabučnog octa
- 2 žlice smeđeg šećera
- 1/2 žličice sjemenki kumina
- Posolite po ukusu

UPUTE:
a) Zagrijte ulje u tavi na srednje jakoj vatri. Dodajte sjemenke kima i pustite da pršte.
b) Dodajte nasjeckani luk, nasjeckani češnjak i naribani đumbir. Pirjajte dok luk ne postane proziran.
c) Dodajte paprike narezane na kockice i kuhajte dok ne omekšaju.
d) Umiješajte jabučni ocat, smeđi šećer i sol. Kuhajte dok se ajvar malo ne zgusne.
e) Ostavite chutney da se ohladi prije nego što ga prebacite u sterilizirane staklenke. Čuvati u hladnjaku.

46.Začinjeni ajvar od cvjetače

SASTOJCI:
- 2 šalice cvjetova cvjetače
- 1 glavica luka nasjeckana
- 2 zelena čilija, nasjeckana
- 2 češnja češnjaka, mljevena
- 1 žličica sjemena gorušice
- 1 žličica sjemenki kumina
- 1/4 žličice kurkume u prahu
- 1/4 šalice bijelog octa
- 2 žlice smeđeg šećera
- Posolite po ukusu

UPUTE:
a) Cvjetiće cvjetače kuhajte na pari dok ne omekšaju, a zatim ih grubo nasjeckajte.
b) Zagrijte ulje u tavi na srednje jakoj vatri. Dodajte sjemenke gorušice i sjemenke kumina. Neka brčkaju.
c) Dodajte nasjeckani luk, zeleni čili i nasjeckani češnjak. Pirjajte dok luk ne porumeni.
d) Umiješajte nasjeckanu cvjetaču, kurkumu u prahu, bijeli ocat, smeđi šećer i sol. Kuhajte dok se smjesa ne zgusne.
e) Prije spremanja u sterilizirane staklenke ostavite chutney da se potpuno ohladi. Ohladite i iskoristite u roku od nekoliko tjedana.

47.Chutney od cikle

SASTOJCI:
- 2 šalice naribane cikle
- 1 glavica luka nasjeckana
- 2 češnja češnjaka, mljevena
- 1-inči komadić đumbira, naribanog
- 1/4 šalice jabučnog octa
- 2 žlice meda ili smeđeg šećera
- 1/2 žličice sjemenki kumina
- 1/4 žličice cimeta u prahu
- Posolite po ukusu

UPUTE:
a) Zagrijte ulje u tavi na srednje jakoj vatri. Dodajte sjemenke kima i pustite da pršte.
b) Dodajte nasjeckani luk, nasjeckani češnjak i naribani đumbir. Pirjajte dok luk ne postane proziran.
c) Dodajte naribanu ciklu i kuhajte dok ne omekša.
d) Umiješajte jabučni ocat, med (ili smeđi šećer), cimet u prahu i sol. Kuhajte dok se ajvar malo ne zgusne.
e) Pustite da se chutney potpuno ohladi prije nego što ga prebacite u sterilizirane staklenke. Čuvati u hladnjaku.

48.Chutney od špinata i kikirikija

SASTOJCI:
- 2 šalice svježeg lišća špinata
- 1/2 šalice prženog kikirikija
- 2 zelena čilija
- 2 češnja češnjaka
- Komad đumbira od 1 inča
- 2 žlice soka od limuna
- Posolite po ukusu

UPUTE:
a) U blenderu ili procesoru hrane pomiješajte svježe listove špinata, prženi kikiriki, zeleni čili, češnjak, đumbir, limunov sok i sol.
b) Miješajte dok ne postane glatko, dodajući malo vode ako je potrebno da postignete željenu konzistenciju.
c) Premjestite chutney u zdjelu za posluživanje. Po potrebi prilagodite začine. Poslužite kao umak ili namaz.

49.Chutney od rotkvica

SASTOJCI:
- 2 šalice ribane rotkvice
- 1 glavica luka nasjeckana
- 2 zelena čilija
- 2 žlice naribanog kokosa
- 1 žlica soka od limuna
- 1 žličica sjemena gorušice
- 1/2 žličice sjemenki kumina
- Prstohvat asafetide (hing)
- Posolite po ukusu

UPUTE:
a) Zagrijte ulje u tavi na srednje jakoj vatri. Dodajte sjemenke gorušice i pustite da pršte.
b) Dodajte sjemenke kima i asafetidu, a zatim nasjeckani luk i zeleni čili. Pirjajte dok luk ne postane proziran.
c) Dodajte naribanu rotkvicu i kuhajte dok ne omekša.
d) Umiješajte ribani kokos i kuhajte još minutu.
e) Maknite s vatre i pustite da se smjesa malo ohladi. Zatim dodajte limunov sok i sol. Dobro promiješajte.
f) Poslužite ajvar od rotkvica kao prilog ili začin.

50. Chutney od kukuruza i rajčice

SASTOJCI:
- 1 šalica svježih zrna kukuruza
- 2 rajčice, nasjeckane
- 1 glavica luka nasjeckana
- 2 češnja češnjaka, mljevena
- 1-inči komadić đumbira, naribanog
- 2 zelena čilija
- 1 žlica biljnog ulja
- 1 žličica sjemena gorušice
- 1/2 žličice kurkume u prahu
- Posolite po ukusu
- Listovi svježeg korijandera za ukrašavanje

UPUTE:
a) Zagrijte ulje u tavi na srednje jakoj vatri. Dodajte sjemenke gorušice i pustite da pršte.
b) Dodajte nasjeckani luk, nasjeckani češnjak, naribani đumbir i zeleni čili. Pirjajte dok luk ne omekša i postane proziran.
c) Dodajte svježa zrna kukuruza i nasjeckane rajčice. Kuhajte dok rajčice ne omekšaju, a kukuruz omekša.
d) Umiješajte kurkumu u prahu i sol. Dobro promiješajte i kuhajte još minutu.
e) Maknite s vatre i pustite da se chutney malo ohladi. Prije posluživanja ukrasite listićima svježeg korijandera.

51.Chutney od zelenog graha

SASTOJCI:
- 2 šalice nasjeckanih zelenih mahuna
- 1 glavica luka nasjeckana
- 2 zelena čilija
- 2 žlice naribanog kokosa
- 1 žlica paste od tamarinda
- 1 žličica sjemena gorušice
- 1/2 žličice sjemenki kumina
- Prstohvat asafetide (hing)
- Posolite po ukusu

UPUTE:
a) Zagrijte ulje u tavi na srednje jakoj vatri. Dodajte sjemenke gorušice i pustite da pršte.
b) Dodajte sjemenke kima i asafetidu, a zatim nasjeckani luk i zeleni čili. Pirjajte dok luk ne postane proziran.
c) Dodajte nasjeckane zelene mahune i kuhajte dok ne omekšaju.
d) Umiješajte ribani kokos i pastu od tamarinda. Kuhajte još minutu.
e) Maknite s vatre i pustite da se smjesa malo ohladi. Zatim posolite i dobro promiješajte.
f) Chutney od mahuna poslužite kao prilog ili začin.

52. Začinjeni Chutney od zelenih rajčica

SASTOJCI:
- 2 šalice zelenih rajčica, narezanih na kockice
- 1 glavica luka sitno nasjeckana
- 2 zelena čilija, nasjeckana
- 2 češnja češnjaka, mljevena
- 1-inčni komadić đumbira, naribanog
- 1/4 šalice jabučnog octa
- 2 žlice smeđeg šećera
- 1/2 žličice sjemena gorušice
- 1/2 žličice sjemenki kumina
- 1/4 žličice kurkume u prahu
- Posolite po ukusu

UPUTE:

a) Zagrijte ulje u tavi na srednje jakoj vatri. Dodajte sjemenke gorušice i sjemenke kumina. Neka brčkaju.

b) Dodajte nasjeckani luk, zeleni čili, nasjeckani češnjak i naribani đumbir. Pirjajte dok luk ne postane proziran.

c) Dodajte zelene rajčice narezane na kockice i kuhajte dok ne omekšaju.

d) Umiješajte jabučni ocat, smeđi šećer, kurkumu u prahu i sol. Kuhajte dok se smjesa malo ne zgusne.

e) Pustite da se chutney potpuno ohladi prije nego što ga prebacite u sterilizirane staklenke. Čuvati u hladnjaku.

53. Chutney od bundeve i grožđica

SASTOJCI:
- 2 šalice bundeve, narezane na kockice
- 1 glavica luka nasjeckana
- 1/2 šalice grožđica
- 2 žlice jabučnog octa
- 2 žlice meda ili smeđeg šećera
- 1/2 žličice sjemena gorušice
- 1/2 žličice sjemenki kumina
- 1/4 žličice cimeta u prahu
- Prstohvat muškatnog oraščića
- Posolite po ukusu

UPUTE:
a) Zagrijte ulje u tavi na srednje jakoj vatri. Dodajte sjemenke gorušice i sjemenke kumina. Neka brčkaju.
b) Dodajte nasjeckani luk i pirjajte dok ne postane proziran.
c) Dodati bundevu narezanu na kockice i kuhati dok ne omekša.
d) Umiješajte grožđice, jabučni ocat, med (ili smeđi šećer), cimet u prahu, muškatni oraščić i sol. Kuhajte dok se ajvar malo ne zgusne.
e) Pustite da se chutney potpuno ohladi prije nego što ga prebacite u sterilizirane staklenke. Čuvati u hladnjaku.

54.Chutney od špinata i kokosa

SASTOJCI:
- 2 šalice listova špinata, opranih i nasjeckanih
- 1 glavica luka nasjeckana
- 1/2 šalice ribanog kokosa
- 2 zelena čilija
- 2 žlice soka od limuna
- 1 žličica sjemena gorušice
- 1/2 žličice sjemenki kumina
- 1/4 žličice kurkume u prahu
- Posolite po ukusu

UPUTE:
a) Zagrijte ulje u tavi na srednje jakoj vatri. Dodajte sjemenke gorušice i sjemenke kumina. Neka brčkaju.
b) Dodajte nasjeckani luk i pirjajte dok ne postane proziran.
c) Dodajte nasjeckane listove špinata i kuhajte dok ne omekšaju.
d) Umiješajte naribani kokos, zeleni čili, limunov sok, kurkumu u prahu i sol. Kuhajte još nekoliko minuta.
e) Pustite da se chutney potpuno ohladi prije nego što ga prebacite u sterilizirane staklenke. Čuvati u hladnjaku.

55.Chutney od rotkvica i mente

SASTOJCI:
- 2 šalice ribane rotkvice
- 1/2 šalice svježih listova mente
- 1/4 šalice prženog kikirikija
- 2 zelena čilija
- 2 žlice soka od limuna
- 1 žličica sjemena gorušice
- 1/2 žličice sjemenki kumina
- 1/4 žličice crvenog čilija u prahu
- Posolite po ukusu

UPUTE:
a) Zagrijte ulje u tavi na srednje jakoj vatri. Dodajte sjemenke gorušice i sjemenke kumina. Neka brčkaju.
b) Dodajte naribanu rotkvicu i pirjajte dok ne omekša.
c) U blenderu pomiješajte svježe listove mente, prženi kikiriki, zeleni čili, limunov sok, crveni čili u prahu i sol. Pomiješajte u glatku pastu.
d) Umiješajte pastu od metvice u smjesu kuhanih rotkvica. Kuhajte još nekoliko minuta.
e) Pustite da se chutney potpuno ohladi prije nego što ga prebacite u sterilizirane staklenke. Čuvati u hladnjaku.

56. Capsicum (paprika) i Chutney od rajčice

SASTOJCI:
- 2 rajčice srednje veličine, narezane na kockice
- 2 paprike srednje veličine, narezane na kockice
- 1 glavica luka sitno nasjeckana
- 2 zelena čilija, nasjeckana
- 1 žlica paste od đumbira i češnjaka
- 1 žličica sjemena gorušice
- 1 žličica sjemenki kumina
- 1/2 žličice kurkume u prahu
- 1 žličica crvenog čilija u prahu
- 1 žlica octa
- Posolite po ukusu
- 2 žlice ulja

UPUTE:
a) Zagrijte ulje u tavi. Dodajte sjemenke gorušice i sjemenke kumina. Neka brčkaju.
b) Dodajte nasjeckani luk i zeleni čili. Pirjajte dok luk ne porumeni.
c) Dodajte pastu od đumbira i češnjaka i pirjajte minutu.
d) Dodajte rajčicu narezanu na kockice i papriku. Kuhajte dok ne omekšaju.
e) Pomiješajte kurkumu u prahu, crveni čili u prahu, ocat i sol. Kuhajte još par minuta dok se ajvar ne zgusne.
f) Prije spremanja u sterilizirane staklenke ostavite chutney da se potpuno ohladi. Ohladite i iskoristite u roku od nekoliko tjedana.

57. Začinjeni ajvar od brinjala (patlidžana).

SASTOJCI:
- 2 brinjala srednje veličine (patlidžana), narezana na kockice
- 1 glavica luka nasjeckana
- 2 rajčice, nasjeckane
- 2 zelena čilija, nasjeckana
- 2 češnja češnjaka, mljevena
- 1 žlica paste od tamarinda
- 1 žličica sjemena gorušice
- 1 žličica sjemenki kumina
- 1/2 žličice kurkume u prahu
- 1 žličica crvenog čilija u prahu
- Posolite po ukusu
- 2 žlice ulja

UPUTE:
a) Zagrijte ulje u tavi. Dodajte sjemenke gorušice i sjemenke kumina. Neka brčkaju.
b) Dodajte nasjeckani luk i zeleni čili. Pirjajte dok luk ne postane proziran.
c) Dodajte nasjeckani češnjak i pirjajte minutu.
d) Dodati brinjače narezane na kockice i rajčice. Kuhajte dok ne postanu kašasti.
e) Umiješajte pastu od tamarinda, kurkumu u prahu, crveni čili u prahu i sol. Kuhajte još par minuta dok se ajvar ne zgusne.
f) Prije spremanja u sterilizirane staklenke ostavite chutney da se potpuno ohladi. Ohladite i iskoristite u roku od nekoliko tjedana.

58.Začinjeni Chutney od mrkve

SASTOJCI:
- 2 šalice naribane mrkve
- 1 glavica luka nasjeckana
- 2 zelena čilija, nasjeckana
- 2 žlice naribanog kokosa
- 1 žličica sjemena gorušice
- 1 čajna žličica urad dal (razdijeljen crni gram)
- 1/2 žličice sjemenki kumina
- 1/4 žličice asafetide (hing)
- 1 žlica paste od tamarinda
- Posolite po ukusu
- 2 žlice ulja

UPUTE:

a) Zagrijte ulje u tavi. Dodajte sjemenke gorušice, urad dal i sjemenke kumina. Neka brčkaju.

b) Dodajte nasjeckani luk i zeleni čili. Pirjajte dok luk ne postane proziran.

c) Dodajte naribanu mrkvu i naribani kokos. Kuhajte dok mrkva ne omekša.

d) Umiješajte pastu od tamarinda, asafetidu i sol. Kuhajte još par minuta dok se ajvar ne zgusne.

e) Prije spremanja u sterilizirane staklenke ostavite chutney da se potpuno ohladi. Ohladite i iskoristite u roku od nekoliko tjedana.

59. Tangy Ridge tikva (Luffa) Chutney

SASTOJCI:
- 2 šalice naribane grebenske tikve (luffa)
- 1 glavica luka nasjeckana
- 2 zelena čilija, nasjeckana
- 1 žlica naribanog đumbira
- 1 žlica ribanog kokosa
- 1 žličica sjemena gorušice
- 1 čajna žličica urad dal (razdijeljen crni gram)
- 1/2 žličice sjemenki piskavice
- 1/4 žličice asafetide (hing)
- 1 žlica paste od tamarinda
- Posolite po ukusu
- 2 žlice ulja

UPUTE:
a) Zagrijte ulje u tavi. Dodajte sjemenke gorušice, urad dal, sjemenke piskavice i asafetidu. Neka brčkaju.
b) Dodajte nasjeckani luk, zeleni čili i naribani đumbir. Pirjajte dok luk ne postane proziran.
c) Dodajte naribanu tikvu i naribani kokos. Kuhajte dok hrbat ne omekša.
d) Umiješajte pastu od tamarinda i sol. Kuhajte još par minuta dok se ajvar ne zgusne.
e) Prije spremanja u sterilizirane staklenke ostavite chutney da se potpuno ohladi. Ohladite i iskoristite u roku od nekoliko tjedana.

BILJNI ČATNI

60. Fidžijski cilantro i ajvar od limete

SASTOJCI:
- 1 šalica svježih listova cilantra bez peteljki
- Sok od 2 limete
- 2 češnja češnjaka, mljevena
- 1-2 zelene čili papričice, sitno nasjeckane
- ½ žličice kumina u prahu
- Posolite po ukusu

UPUTE:
a) U procesoru hrane pomiješajte cilantro, sok limete, mljeveni češnjak, nasjeckane zelene čili papričice, kumin u prahu i sol.
b) Miješajte dok ne dobijete glatki chutney svijetlog, pikantnog okusa.
c) Poslužite ovaj chutney od cilantra i limete kao pikantan začin jelima s roštilja ili prženim jelima.

61. Chutney od cilantro-mente

SASTOJCI:
- 2 šalice svježeg lišća cilantra
- 1 šalica svježih listova mente
- ⅓ šalice običnog jogurta
- ¼ šalice sitno nasjeckanog luka
- 1 žlica soka od limete
- 1½ žličice šećera
- ½ žličice mljevenog kima
- ¼ žličice kuhinjske soli

UPUTE:
a) Obradite sve sastojke u multipraktiku dok ne postanu glatki, oko 20 sekundi, stružući po potrebi niz stijenke zdjele.

62. Chutney od kokosa i cilantra

SASTOJCI:
- 1 šalica svježeg lišća cilantra
- ½ šalice naribanog kokosa
- 1 zeleni čili, bez sjemenki i nasjeckan
- 2 žlice soka od limuna
- 1 žlica pečenog chana dala (sjeckanog slanutka)
- 1 žlica ribanog kokosa (po želji)
- Posolite po ukusu

UPUTE:
a) U blenderu ili procesoru hrane pomiješajte listove cilantra, naribani kokos, zeleni čili, limunov sok, pečeni chana dal, ribani kokos (ako ga koristite) i sol.
b) Miješajte dok ne dobijete glatku i kremastu konzistenciju.
c) Prilagodite sol i sok od limuna prema svom ukusu.
d) Prebacite u zdjelu za posluživanje i ostavite u hladnjaku do upotrebe.
e) Poslužite kao umak za samose, dose ili kao namaz za sendviče.

63. Chutney od ananasa i mente

SASTOJCI:
- 2 šalice svježeg ananasa, narezanog na kockice
- 1/2 šalice crvenog luka, sitno nasjeckanog
- 1/4 šalice svježeg lišća metvice, nasjeckanog
- 1 jalapeño papričica, sitno nasjeckana
- 2 žlice soka od limete
- 2 žlice meda
- Prstohvat soli

UPUTE:
a) U zdjeli pomiješajte svježi ananas narezan na kockice, sitno nasjeckani crveni luk, nasjeckane listove svježe mente, sitno nasjeckanu jalapeño papričicu, sok limete, med i prstohvat soli.
b) Dobro izmiješajte sastojke kako biste osigurali ravnomjernu raspodjelu okusa.
c) Ostavite chutney da se ohladi u hladnjaku najmanje 1 sat prije posluživanja.
d) Poslužite ovaj chutney od ananasa i mente kao osvježavajući prilog piletini na žaru, ribi ili kao preljev za tacose.

64.Klice piskavice i Chutney od rajčice

SASTOJCI:
- 2 šalice izdanaka piskavice
- 4 rajčice, nasjeckane
- 1 glavica luka nasjeckana
- 2 zelena čilija, nasjeckana
- Češnjevi češnjaka, mljeveni
- Sjemenke gorušice
- Sjemenke kumina
- Curry lišće
- Posolite po ukusu
- Ulje za kuhanje

UPUTE:
a) U tavi zagrijte ulje i dodajte sjemenke gorušice, sjemenke kumina i listiće curryja. Dopustite im da brčkaju.
b) Dodajte nasjeckani luk, zeleni čili i nasjeckani češnjak. Pirjajte dok luk ne postane proziran.
c) Dodati nasjeckane rajčice i kuhati dok ne omekšaju.
d) Umiješajte klice piskavice i kuhajte nekoliko minuta.
e) Posolite i nastavite kuhati dok se smjesa ne zgusne.
f) Klice piskavice i chutney od rajčice poslužite uz rižu ili kao prilog.

65. Chutney od korijandera

SASTOJCI:
- ½ žličice sjemenki kumina, tostiranih i mljevenih
- ½ žličice sjemena žute gorušice, tostiranog i mljevenog
- 1 velika hrpa cilantra
- 1 mali žuti luk, oguljen i nasjeckan (oko ½ šalice)
- ¼ šalice nezaslađenog kokosa
- 3 žlice naribanog đumbira
- 2 serrano čilija, bez peteljki (za manje topline, uklonite sjemenke)
- Korica i sok od 2 limuna
- Posolite po ukusu

UPUTE:
a) Pomiješajte sve sastojke u blenderu i miksajte na visokoj razini dok smjesa ne postane glatka.
b) Po potrebi dodajte vode da dobijete gustu pastu.

66. Pesto Chutney od bosiljka

SASTOJCI:
- 2 šalice svježih listova bosiljka
- 1/4 šalice pinjola ili oraha
- 2 češnja češnjaka
- 1/4 šalice ribanog parmezana
- 1/2 šalice maslinovog ulja
- Posolite i popaprite po ukusu

UPUTE:
a) U sjeckalici pomiješajte listove bosiljka, pinjole ili orahe, češnjak i parmezan.
b) Pusirajte dok se grubo ne nasjecka.
c) Dok procesor hrane radi, polako dodajte maslinovo ulje dok smjesa ne postane glatka pasta.
d) Začinite solju i paprom po ukusu.
e) Pesto chutney prebacite u staklenku i čuvajte u hladnjaku. Može se koristiti kao namaz, umak ili umak za tjesteninu.

67.Chutney od kopra i jogurta

SASTOJCI:
- 1 šalica svježeg kopra, nasjeckanog
- 1 šalica običnog jogurta
- 1 režanj češnjaka, samljeven
- 1 žlica soka od limuna
- Posolite po ukusu

UPUTE:
a) U zdjeli pomiješajte nasjeckani kopar, čisti jogurt, nasjeckani češnjak, limunov sok i sol.
b) Miješajte dok se dobro ne sjedini.
c) Začinite prema ukusu, po želji dodajte još soli ili soka od limuna.
d) Chutney od kopra i jogurta poslužite ohlađen kao osvježavajući prilog mesu s roštilja, pečenom povrću ili kao umak za čips ili krekere.

68.Chutney od peršina i oraha

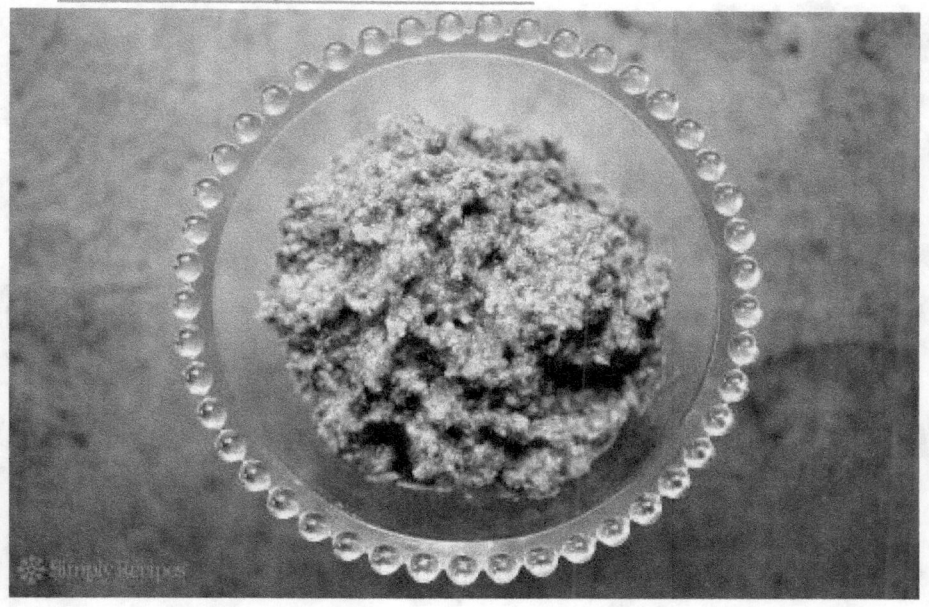

SASTOJCI:
- 1 šalica svježeg lišća peršina
- 1/2 šalice oraha
- 1 češanj češnjaka
- 2 žlice soka od limuna
- 1/4 šalice maslinovog ulja
- Posolite i popaprite po ukusu

UPUTE:
a) U sjeckalici pomiješajte svježe peršinovo lišće, orahe, češnjak i limunov sok.
b) Pulsirajte dok se ne nasjecka.
c) Dok procesor hrane radi, polako ulijevajte maslinovo ulje dok smjesa ne postane glatka pasta.
d) Začinite solju i paprom po ukusu.
e) Prebacite chutney od peršina i oraha u staklenku i stavite u hladnjak do upotrebe. Dobro se slaže uz meso s roštilja, ribu ili kao namaz za sendviče.

69. Chutney od ružmarina i badema

SASTOJCI:
- 1/2 šalice svježih listova ružmarina
- 1/4 šalice badema
- 1 češanj češnjaka
- 1 žlica soka od limuna
- 1/4 šalice maslinovog ulja
- Posolite po ukusu

UPUTE:
a) U sjeckalici pomiješajte svježe listove ružmarina, bademe, češnjak i limunov sok.
b) Pusirajte dok se grubo ne nasjecka.
c) Dok multipraktik radi, postupno dodajte maslinovo ulje dok smjesa ne postigne željenu gustoću.
d) Posolite po ukusu.
e) Prebacite chutney od ružmarina i badema u staklenku i stavite u hladnjak do upotrebe. Dodaje okus pečenom povrću, mesu s roštilja ili kao preljev za crostini.

70. Chutney od mente i indijskih oraha

SASTOJCI:
- 1 šalica svježih listova mente
- 1/2 šalice pečenih indijskih oraščića
- 2 zelena čilija, nasjeckana
- 1 žlica ribanog kokosa (po želji)
- 1 žlica soka od limuna
- Posolite po ukusu
- Voda, po potrebi

UPUTE:
a) U blenderu ili procesoru hrane pomiješajte svježe listove mente, pečene indijske oraščiće, nasjeckani zeleni čili, naribani kokos (ako koristite), limunov sok i prstohvat soli.
b) Miješajte dok ne postane glatko, dodavajući vodu po potrebi da postignete željenu konzistenciju.
c) Kušajte i po potrebi prilagodite začine.
d) Chutney od mente i indijskih oraščića prebacite u staklenku i čuvajte u hladnjaku. Poslužite kao umak ili namaz uz grickalice ili obroke.

71. Chutney od cilantra i kikirikija

SASTOJCI:
- 1 šalica svježeg lišća cilantra
- 1/2 šalice prženog kikirikija
- 2 zelena čilija, nasjeckana
- 1 žlica naribanog đumbira
- 1 žlica paste od tamarinda
- Posolite po ukusu
- Voda, po potrebi

UPUTE:
a) U blenderu ili procesoru hrane pomiješajte svježe listove cilantra, prženi kikiriki, nasjeckani zeleni čili, naribani đumbir, pastu od tamarinda i sol.
b) Miješajte dok ne postane glatko, postupno dodavajući vodu kako biste postigli željenu konzistenciju.
c) Prilagodite začine prema ukusu.
d) Prebacite chutney od cilantra i kikirikija u staklenku i stavite u hladnjak do upotrebe. Poslužite kao začin ili umak uz grickalice ili indijska jela.

72. Chutney od vlasca i oraha

SASTOJCI:
- 1 šalica svježeg vlasca, nasjeckanog
- 1/2 šalice oraha
- 1 češanj češnjaka
- 1 žlica soka od limuna
- 1/4 šalice maslinovog ulja
- Posolite i popaprite po ukusu

UPUTE:
a) U sjeckalici pomiješajte svježi vlasac, orahe, češnjak, limunov sok i maslinovo ulje.
b) Miješajte dok smjesa ne postane gruba pasta.
c) Začinite solju i paprom po ukusu.
d) Prebacite chutney od vlasca i oraha u staklenku i stavite u hladnjak do upotrebe. Uživajte kao namaz za sendviče, preljev za grilano povrće ili umak za krekere.

73. Chutney od kadulje i lješnjaka

SASTOJCI:
- 1 šalica svježih listova kadulje
- 1/2 šalice prženih lješnjaka
- 1 češanj češnjaka
- Korica od 1 limuna
- 2 žlice soka od limuna
- 1/4 šalice maslinovog ulja
- Posolite i popaprite po ukusu

UPUTE:
a) U sjeckalici pomiješajte svježe listove kadulje, pržene lješnjake, češnjak, limunovu koricu, limunov sok i maslinovo ulje.
b) Miješajte dok smjesa ne postane zrnasta pasta.
c) Začinite solju i paprom po ukusu.
d) Prebacite chutney od kadulje i lješnjaka u staklenku i stavite u hladnjak do upotrebe. Poslužite kao začin pečenom mesu, ribi na žaru ili kao pojačivač okusa juha i variva.

74. Chutney od limuna i timijana

SASTOJCI:
- 1 šalica svježeg lišća timijana
- 1/2 šalice badema, prženih
- 1 češanj češnjaka
- Korica i sok od 1 limuna
- 1/4 šalice maslinovog ulja
- Posolite po ukusu

UPUTE:
a) U sjeckalici pomiješajte listove svježeg timijana, pržene bademe, češnjak, limunovu koricu i limunov sok.
b) Miješajte dok smjesa ne postane gruba pasta.
c) Dok procesor hrane radi, polako ulijevajte maslinovo ulje dok se dobro ne sjedini.
d) Posolite po ukusu.
e) Prebacite chutney s limunovim timijanom u staklenku i stavite u hladnjak do upotrebe. Dobro se slaže uz meso s roštilja, pečeno povrće ili kao namaz na sendviče.

75.Chutney od estragona i pistacija

SASTOJCI:
- 1 šalica svježih listova estragona
- 1/2 šalice pistacija, očišćenih i tostiranih
- 1 ljutika, nasjeckana
- 1 žlica bijelog vinskog octa
- 1/4 šalice maslinovog ulja
- Posolite i popaprite po ukusu

UPUTE:
a) U sjeckalici pomiješajte svježe listove estragona, pržene pistacije, nasjeckanu ljutiku i bijeli vinski ocat.
b) Miješajte dok smjesa ne postane gruba pasta.
c) Dok procesor hrane radi, polako ulijevajte maslinovo ulje dok se dobro ne sjedini.
d) Začinite solju i paprom po ukusu.
e) Premjestite chutney od estragona i pistacija u staklenku i stavite u hladnjak do upotrebe. Ukusno je posluženo uz ribu na žaru, piletinu ili kao umak za crudite.

76. Chutney od origana i oraha

SASTOJCI:
- 1 šalica svježih listova origana
- 1/2 šalice oraha, prženih
- 2 češnja češnjaka
- Korica i sok od 1 limuna
- 1/4 šalice maslinovog ulja
- Posolite po ukusu

UPUTE:

a) U sjeckalici pomiješajte svježe listove origana, pržene orahe, češnjak, limunovu koricu i limunov sok.
b) Miješajte dok smjesa ne postane gruba pasta.
c) Dok procesor hrane radi, polako ulijevajte maslinovo ulje dok se dobro ne sjedini.
d) Posolite po ukusu.
e) Prebacite origano i chutney od oraha u staklenku i stavite u hladnjak do upotrebe. Fantastičan je kao preljev za pečeno povrće, tjesteninu ili kao namaz na bruskete.

77. Chutney od kadulje i pinjola

SASTOJCI:
- 1 šalica svježih listova kadulje
- 1/2 šalice pinjola, prženih
- 1 ljutika, nasjeckana
- 1 žlica balzamičnog octa
- 1/4 šalice maslinovog ulja
- Posolite i popaprite po ukusu

UPUTE:
a) U sjeckalici pomiješajte svježe listove kadulje, pržene pinjole, nasjeckanu ljutiku i balzamični ocat.
b) Miješajte dok smjesa ne postane gruba pasta.
c) Dok procesor hrane radi, polako ulijevajte maslinovo ulje dok se dobro ne sjedini.
d) Začinite solju i paprom po ukusu.
e) Prebacite chutney od kadulje i pinjola u staklenku i stavite u hladnjak do upotrebe. Ugodan je dodatak pečenom mesu, povrću sa žara ili kao namaz na crostinima.

78. Chutney od ružmarina i češnjaka

SASTOJCI:
- 1 šalica svježih listova ružmarina
- 4 češnja češnjaka
- 1/4 šalice pinjola, prženih
- 1/4 šalice ribanog parmezana
- 1/4 šalice maslinovog ulja
- Posolite i popaprite po ukusu

UPUTE:
a) U sjeckalici pomiješajte svježe listiće ružmarina, režnjeve češnjaka, pržene pinjole i naribani parmezan.
b) Pulsirajte dok smjesa ne bude sitno usitnjena.
c) S uključenim procesorom hrane polako ulijevajte maslinovo ulje dok smjesa ne postane pasta.
d) Začinite solju i paprom po ukusu.
e) Prebacite chutney od ružmarina i češnjaka u staklenku i stavite u hladnjak do upotrebe. Savršeno je za mazanje na kruh, sendviče ili kao umak za krekere.

79. Chutney od vlasca i korice limuna

SASTOJCI:
- 1 šalica svježeg vlasca, nasjeckanog
- Korica od 2 limuna
- 1/4 šalice prženih badema
- 2 žlice soka od limuna
- 1/4 šalice ekstra djevičanskog maslinovog ulja
- Posolite i popaprite po ukusu

UPUTE:
a) U sjeckalici pomiješajte svježi vlasac, limunovu koricu, pržene bademe i limunov sok.
b) Pulsirajte dok smjesa ne bude sitno usitnjena.
c) S uključenim procesorom hrane polako ulijevajte maslinovo ulje dok smjesa ne postane glatka pasta.
d) Začinite solju i paprom po ukusu.
e) Prebacite chutney od vlasca i korice limuna u staklenku i stavite u hladnjak do upotrebe. Ukusan je poslužen uz ribu na žaru, pečeno povrće ili kao preljev za salate.

80. Chutney od kadulje i limuna i timijana

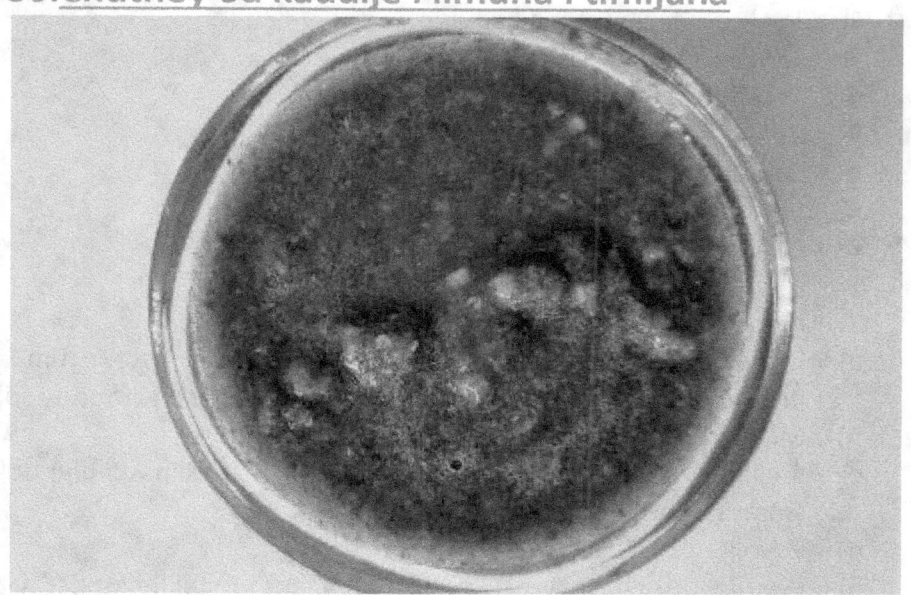

SASTOJCI:
- 1 šalica svježih listova kadulje
- 1/2 šalice svježeg lišća majčine dušice
- 1/4 šalice oraha, prženih
- 2 češnja češnjaka
- Korica i sok od 1 limuna
- 1/4 šalice ekstra djevičanskog maslinovog ulja
- Posolite po ukusu

UPUTE:
a) U sjeckalici pomiješajte svježe listove kadulje, listove timijana, pržene orahe, režnjeve češnjaka, limunovu koricu i limunov sok.
b) Miješajte dok smjesa ne postane gruba pasta.
c) S uključenim procesorom polako ulijevajte maslinovo ulje dok se smjesa dobro ne sjedini.
d) Posolite po ukusu.
e) Premjestite chutney od kadulje i timijana u staklenku i stavite u hladnjak do upotrebe. Odličan je prilog pečenom mesu, povrću sa žara ili kao namaz na sendviče.

81. Chutney od bosiljka i sušenih rajčica

SASTOJCI:
- 2 šalice svježih listova bosiljka
- 1/2 šalice osušenih rajčica (pakiranih u ulju), ocijeđenih
- 1/4 šalice pinjola, prženih
- 2 češnja češnjaka
- 1/4 šalice ribanog parmezana
- 1/4 šalice ekstra djevičanskog maslinovog ulja
- Posolite i popaprite po ukusu

UPUTE:
a) U sjeckalici pomiješajte svježe listove bosiljka, sušene rajčice, pržene pinjole, režnjeve češnjaka i naribani parmezan.
b) Miješajte dok smjesa ne postane gusta pasta.
c) S uključenim procesorom polako ulijevajte maslinovo ulje dok se smjesa dobro ne sjedini.
d) Začinite solju i paprom po ukusu.
e) Prebacite chutney od bosiljka i sušene rajčice u staklenku i stavite u hladnjak do upotrebe. Fantastičan je preliven tjesteninom, namazan na bruskete ili poslužen uz pečenu piletinu ili ribu.

82. Estragon i šalotka Chutney

SASTOJCI:
- 1 šalica svježih listova estragona
- 2 ljutike, nasjeckane
- 1/4 šalice bijelog vinskog octa
- 1/4 šalice maslinovog ulja
- 2 žlice meda
- Posolite i popaprite po ukusu

UPUTE:
a) U sjeckalici pomiješajte svježe listove estragona, nasjeckanu ljutiku, bijeli vinski ocat, maslinovo ulje i med.
b) Miješajte dok smjesa ne postane glatka pasta.
c) Začinite solju i paprom po ukusu.
d) Prebacite čatni od estragona i ljutike u staklenku i stavite u hladnjak do upotrebe. Dobro se slaže uz meso s roštilja, ribu ili kao namaz na sendviče.

83. Lemon Verbena i Chutney od badema

SASTOJCI:
- 1 šalica svježeg lišća verbene limuna
- 1/2 šalice badema, prženih
- 1 češanj češnjaka
- Korica i sok od 1 limuna
- 1/4 šalice ekstra djevičanskog maslinovog ulja
- Posolite po ukusu

UPUTE:
a) U sjeckalici pomiješajte svježe listove verbene, pržene bademe, češnjak, limunovu koricu i limunov sok.
b) Miješajte dok smjesa ne postane gruba pasta.
c) Dok procesor hrane radi, polako ulijevajte maslinovo ulje dok se dobro ne sjedini.
d) Posolite po ukusu.
e) Prebacite chutney od limunske verbene i badema u staklenku i stavite u hladnjak do upotrebe. Izvrstan je kao namaz na crostinima, preliven tjesteninom ili poslužen uz povrće na žaru.

84. Chutney od mažurana i lješnjaka

SASTOJCI:
- 1 šalica svježih listova mažurana
- 1/2 šalice prženih lješnjaka
- 1 ljutika, nasjeckana
- 1 žlica crvenog vinskog octa
- 1/4 šalice maslinovog ulja
- Posolite i popaprite po ukusu

UPUTE:
a) U sjeckalici pomiješajte svježe listove mažurana, pržene lješnjake, nasjeckanu ljutiku i vinski ocat.
b) Miješajte dok smjesa ne postane gruba pasta.
c) Dok procesor hrane radi, polako ulijevajte maslinovo ulje dok se dobro ne sjedini.
d) Začinite solju i paprom po ukusu.
e) Prebacite chutney od mažurana i lješnjaka u staklenku i stavite u hladnjak do upotrebe. Ukusno je posluženo uz pečeno meso, morske plodove na žaru ili kao umak za hrskavi kruh.

85.Chutney od origana i pekan oraha

SASTOJCI:
- 1 šalica svježih listova origana
- 1/2 šalice pekan oraha, tostiranih
- 2 češnja češnjaka
- Korica i sok od 1 limuna
- 1/4 šalice ekstra djevičanskog maslinovog ulja
- Posolite i popaprite po ukusu

UPUTE:
a) U sjeckalici pomiješajte svježe listove origana, tostirane pekan orahe, režnjeve češnjaka, limunovu koricu i limunov sok.
b) Miješajte dok smjesa ne postane gruba pasta.
c) Dok procesor hrane radi, polako ulijevajte maslinovo ulje dok se dobro ne sjedini.
d) Začinite solju i paprom po ukusu.
e) Prebacite origano i pekan chutney u staklenku i stavite u hladnjak do upotrebe. Odličan je kao marinada za meso s roštilja, umiješan u juhe ili kao preljev za pečeno povrće.

CVJETNI CHUTNEY

86.Šipak i sultanija Chutney

SASTOJCI:
- 1 funta plodova šipka, s vrhom, s repom i uklonjenim sjemenkama
- 1 litra jabukovače octa
- Sultanije od ½ funte
- 1 funta jabuka za kuhanje, oguljenih, očišćenih od jezgre i nasjeckanih
- 2 žličice naribanog svježeg đumbira
- Zgnječene sjemenke 3 ili 4 mahune kardamoma
- Shake od čili umaka
- 1 veliki češanj češnjaka, sitno nasjeckan
- ½ funte mekog smeđeg šećera
- Sok od limuna i naribana korica od pola limuna

UPUTE:
a) U velikom loncu pomiješajte plodove šipka, jabukovači ocat, sultanije, nasjeckane jabuke za kuhanje, naribani đumbir, zdrobljene sjemenke kardamoma, čili umak i sitno nasjeckani češnjak.
b) Pustite da smjesa lagano prokuha, zatim smanjite vatru i kuhajte oko 20-30 minuta ili dok plodovi šipka i jabuke ne omekšaju.
c) U tavu dodajte mekani smeđi šećer, limunov sok i naribanu koricu limuna. Dobro promiješajte da se šećer otopi.
d) Nastavite kuhati smjesu dodatnih 30-40 minuta, povremeno miješajući, dok se chutney ne zgusne do željene gustoće.
e) Začine prilagodite ukusu. Ako volite pikantniji ajvar, možete dodati još čili umaka.
f) Nakon što se chutney zgusnuo i okusi stopili, maknite ga s vatre.
g) Pustite da se chutney od šipka malo ohladi prije nego što ga prebacite u sterilizirane staklenke.
h) Staklenke zatvorite i čuvajte na hladnom i tamnom mjestu. Chutney će nastaviti sazrijevati i razvijati svoje okuse tijekom vremena.

87. Chutney od lavande i meda

SASTOJCI:
- 1/4 šalice suhih cvjetova lavande
- 1/2 šalice meda
- 2 žlice soka od limuna
- 1/4 šalice vode

UPUTE:
a) U malom loncu pomiješajte suhe cvjetove lavande, med, limunov sok i vodu.
b) Pustite smjesu da lagano kuha na laganoj vatri.
c) Pustite da lagano kuha 5-10 minuta uz povremeno miješanje dok se smjesa malo ne zgusne.
d) Maknite s vatre i pustite da se chutney potpuno ohladi.
e) Chutney od lavande i meda prebacite u staklenku i čuvajte u hladnjaku. Poslužite kao namaz na tostu, pogačicama ili ga koristite kao preljev za jogurt ili sladoled.

88. Chutney od latica ruže i kardamoma

SASTOJCI:
- 1 šalica svježih latica ruže (pazite da nisu prskane)
- 1/2 šalice šećera
- 1/4 šalice vode
- 3-4 zgnječene mahune kardamoma

UPUTE:
a) U loncu pomiješajte svježe latice ruže, šećer, vodu i zdrobljene mahune kardamoma.
b) Kuhajte na laganoj vatri uz povremeno miješanje dok se šećer ne otopi.
c) Pojačajte vatru na srednje nisku i pirjajte oko 15-20 minuta, ili dok se smjesa ne zgusne do sirupaste konzistencije.
d) Maknite s vatre i pustite da se chutney potpuno ohladi.
e) Prebacite chutney s laticama ruže i kardamomom u staklenku i stavite u hladnjak do upotrebe. Savršeno je za prelijevanje deserta, miješanje u koktele ili posluživanje sa sirom.

89.Chutney od bazge i limuna

SASTOJCI:
- 1 šalica cvjetova bazge (uklonite sve zelene dijelove)
- Korica i sok od 1 limuna
- 1/2 šalice šećera
- 1/4 šalice vode

UPUTE:
a) U loncu pomiješajte cvjetove bazge, limunovu koricu, limunov sok, šećer i vodu.
b) Pustite smjesu da lagano kuha na laganoj vatri, povremeno miješajući, dok se šećer ne otopi.
c) Pustite da lagano kuha oko 10-15 minuta, odnosno dok se smjesa malo ne zgusne.
d) Maknite s vatre i pustite da se chutney potpuno ohladi.
e) Premjestite cvjetove bazge i limunov chutney u staklenku i stavite u hladnjak do upotrebe. Odličan je preliven preko palačinki, umiješan u jogurt ili poslužen uz ribu ili piletinu na žaru.

90. Squash Blossom Chutney

SASTOJCI:

- 3 žlice pinjola
- 2 žlice vrlo vruće vode
- Prstohvat niti šafrana
- 2 šalice labavo upakiranih cvjetova tikve, oko 12 cvjetova
- 1/3 šalice krupno naribanog sira Parmigiano
- ½ šalice lagano aromatiziranog maslinovog ulja
- Prstohvat soli

UPUTE:

a) U suhoj tavi na srednje jakoj temperaturi lagano tostirajte pinjole dok ne počnu mirisati na orašaste plodove i ne postanu lagano zlatni. Pažljivo ih promatrajte kako ne bi potamnele ili izgorele. Premjestite na kuhinjsku krpu i ostavite sa strane da se ohladi.

b) Šafran u maloj posudi prelijte s 2 žlice vruće vode i ostavite da se namoči.

c) Izvucite prašnike iz središta cvjetova tikve i otkinite sve tvrde stabljike ili zelene listove pri dnu. Lagano razdvojite cvjetove i izmjerite 2 labavo napunjene šalice. Ubacite cvjetove u multipraktik i pulsirajte 2 – 3 puta da ih slomite.

d) Dodajte orahe, sir i šafran s vodom i miješajte dok se sve grubo ne usitni. Uključite mašinu i polako ulijte maslinovo ulje.

e) Zaustavite se i prema potrebi ostružite stijenke zdjele. Kad se svo ulje sjedini, dodajte prstohvat soli po ukusu. Ako vam je sir slan, štedite s dodatnom soli.

f) Prebacite u hermetički zatvorenu posudu i pokapajte vrlo tankim slojem maslinovog ulja po površini.

CHILI CHUTNEY

91. vruće Chilli C hutney

SASTOJCI:
- 1 veliki luk
- 2 češnja češnjaka
- 1 3-4" komada đumbira
- 1 limun
- Male vrlo ljute čili papričice
- 1 žličica soli
- 2 žličice Cayenne više ili manje, po ukusu
- ½ do 1 žličice crnog papra

UPUTE:
Luk narežite na šibice. Češnjak nasjeckajte ili također narežite na sitne šibice.
Đumbir ogulite i narežite na tanke šibice
Dodajte limunov sok, sol i papar.
Sada dodajte toplinu: kajenski prah po ukusu i sitno narezan ljuti čili. Dobro izmiješajte i ohladite.

92. Habanero ajvar od jabuke

SASTOJCI:
- 2 funte Jabuke za kuhanje; oguljene i sitno narezane na kockice
- ¼ litre biljnog ulja (ne maslinovog)
- 2 žlice sitno narezanog svježeg đumbira
- 1 cijela glavica češnjaka oguljena i sitno narezana
- 2 žlice sjemenki bijele gorušice
- 1 žličica sjemenki piskavice; namočene u vrućoj vodi, ocijeđene
- ½ čajne žličice cijelih zrna crnog papra
- 2 žličice mljevenog kima
- 2 žličice čilija u prahu
- 1 žličica kurkume
- 4 unce šećera
- 8 tekućih unca jabučnog octa
- 1 žlica soli

UPUTE:

a) Zagrijte ulje u tavi i lagano popržite češnjak i đumbir dok ne dobiju boju, zatim dodajte ostale začine i kuhajte još tri minute. Dodajte ocat, jabuke, šećer i sol te pirjajte otprilike sat vremena sve dok ne dobijete gustu, kašastu smjesu. Ideja je da se jabuke potpuno raspadnu.

b) Stavite u vruće sterilizirane staklenke, odmah zatvorite poklopcima otpornim na ocat i pokušajte zaboraviti na otprilike 2 mjeseca. Zatim uživajte! Dobro se čuva i bez hlađenja.

93. Chutney od zelenog čilija i korijandera

SASTOJCI:
- 10-12 zelenih čilija
- 1 šalica svježeg lišća korijandera (cilantro)
- 1 žlica soka od limuna
- 1 žličica sjemenki kumina
- Posolite po ukusu
- Voda, po potrebi

UPUTE:
a) U blenderu pomiješajte zeleni čili, listove korijandera, limunov sok, sjemenke kumina i sol.
b) Miješajte dok ne postane glatko, dodajući vodu po potrebi da postignete željenu konzistenciju.
c) Prilagodite začine prema ukusu.
d) Prebacite u zdjelu za posluživanje i poslužite uz grickalice ili kao umak za samose, pakore ili druga predjela.

94.Slatki čili ajvar

SASTOJCI:
- 10-12 crvenih čilija
- 1 šalica jaggery ili smeđeg šećera
- 1/2 šalice pulpe tamarinda
- 1 žličica sjemenki kumina
- 1 žličica sjemenki komorača
- Posolite po ukusu
- Voda, po potrebi

UPUTE:
a) U loncu pomiješajte crveni čili, jaggery (ili smeđi šećer), pulpu tamarinda, sjemenke kumina, sjemenke komorača, sol i dovoljno vode da pokrije sastojke.
b) Kuhajte na srednjoj vatri uz povremeno miješanje dok se smjesa ne zgusne, a čili omekša.
c) Pustite da se malo ohladi, a zatim ga prebacite u blender.
d) Miješajte dok ne postane glatko.
e) Prebacite u staklenku i ohladite. Ovaj ajvar izvrstan je kao začin za indijske grickalice poput pakora, samosa ili kao umak za umakanje proljetnih rolica.

95.Chili Chutney od kokosa

SASTOJCI:
- 1 šalica svježeg naribanog kokosa
- 6-8 zelenih čilija, nasjeckanih
- 1 žlica pečenog chana dala (sjeckanog slanutka)
- 1 žlica paste od tamarinda
- Posolite po ukusu
- Voda, po potrebi

UPUTE:
a) U blenderu pomiješajte naribani kokos, nasjeckani zeleni čili, pečeni chana dal, pastu od tamarinda i sol.
b) Dodajte malo vode i miješajte dok ne postane glatko, dodajući još vode ako je potrebno da postignete željenu konzistenciju.
c) Prebacite u zdjelu za posluživanje i poslužite kao umak s dosas, idlis ili vadas.

96. Chili Chutney od paprike

SASTOJCI:
- 2 crvene paprike, nasjeckane
- 2 zelena čilija, nasjeckana
- 1 glavica luka nasjeckana
- 2 češnja češnjaka, mljevena
- 1 žlica đumbira, mljevenog
- 1/4 šalice octa
- 2 žlice meda
- Posolite po ukusu
- 1 žlica ulja

UPUTE:
a) Zagrijte ulje u tavi i pirjajte nasjeckani luk, češnjak i đumbir dok ne postanu prozirni.
b) Dodati nasjeckanu papriku i zeleni čili, te kuhati dok paprika ne omekša.
c) Umiješajte ocat, med i sol. Kuhajte još nekoliko minuta.
d) Pustite da se smjesa malo ohladi, a zatim je prebacite u blender.
e) Miješajte dok ne postane glatko.
f) Prebacite u staklenku i ohladite. Ovaj ajvar izvrstan je kao začin za sendviče, wrapove ili meso s roštilja.

CHUTNEY OD OREHA

97.Chutney od kikirikija

SASTOJCI:
- 1 šalica prženog kikirikija
- 2-3 zelena čilija
- 2 češnja češnjaka
- 1-inčni komad đumbira
- 1 žlica paste od tamarinda
- Posolite po ukusu
- Voda, po potrebi
- Kaljenje: 1 žlica ulja, 1 žličica sjemenki gorušice, 1 žličica urad dal (split black gram), prstohvat asafoetide (hing), nekoliko listova curryja

UPUTE:
a) U blenderu pomiješajte prženi kikiriki, zeleni čili, češnjak, đumbir, pastu od tamarinda i sol.
b) Pomiješajte u grubu pastu, dodajući vodu po potrebi.
c) Za temperiranje zagrijte ulje u manjoj tavi. Dodajte sjemenke gorušice, urad dal, asafoetidu i listove curryja. Neka brčkaju.
d) Temperiranje prelijte preko ajvara i dobro promiješajte.
e) Poslužite uz dosu, idli ili rižu.

98.Chutney od badema

SASTOJCI:
- 1 šalica badema, namočenih i oguljenih
- 2-3 zelena čilija
- 1/2 šalice ribanog kokosa
- 1 žlica paste od tamarinda
- Posolite po ukusu
- Voda, po potrebi
- Kaljenje: 1 žlica ulja, 1 žličica sjemenki gorušice, 1 žličica urad dal (split black gram), prstohvat asafoetide (hing), nekoliko listova curryja

UPUTE:
a) U blenderu pomiješajte namočene i oguljene bademe, zeleni čili, naribani kokos, pastu od tamarinda i sol.
b) Pomiješajte u glatku pastu, dodajući vodu po potrebi.
c) Za temperiranje zagrijte ulje u manjoj tavi. Dodajte sjemenke gorušice, urad dal, asafoetidu i listove curryja. Neka brčkaju.
d) Temperiranje prelijte preko ajvara i dobro promiješajte.
e) Poslužite uz dosu, idli ili rižu.

99. Chutney od indijskih oraha

SASTOJCI:

- 1 šalica indijskih oraha, namočenih
- 2-3 zelena čilija
- 1/2 šalice ribanog kokosa
- 1 žlica paste od tamarinda
- Posolite po ukusu
- Voda, po potrebi
- Kaljenje: 1 žlica ulja, 1 žličica sjemenki gorušice, 1 žličica urad dal (split black gram), prstohvat asafoetide (hing), nekoliko listova curryja

UPUTE:

a) U blenderu pomiješajte namočene indijske oraščiće, zeleni čili, naribani kokos, pastu od tamarinda i sol.
b) Pomiješajte u glatku pastu, dodajući vodu po potrebi.
c) Za temperiranje zagrijte ulje u manjoj tavi. Dodajte sjemenke gorušice, urad dal, asafoetidu i listove curryja. Neka brčkaju.
d) Temperiranje prelijte preko ajvara i dobro promiješajte.
e) Poslužite uz dosu, idli ili rižu.

100. Chutney od oraha

SASTOJCI:
- 1 šalica oraha
- 2-3 sušena crvena čilija
- 1/2 šalice ribanog kokosa
- 1 žlica paste od tamarinda
- Posolite po ukusu
- Voda, po potrebi
- Kaljenje: 1 žlica ulja, 1 žličica sjemenki gorušice, 1 žličica urad dal (split black gram), prstohvat asafoetide (hing), nekoliko listova curryja

UPUTE:
a) U blenderu pomiješajte orahe, sušeni crveni čili, naribani kokos, pastu od tamarinda i sol.
b) Pomiješajte u grubu pastu, dodajući vodu po potrebi.
c) Za temperiranje zagrijte ulje u manjoj tavi. Dodajte sjemenke gorušice, urad dal, asafoetidu i listove curryja. Neka brčkaju.
d) Temperiranje prelijte preko ajvara i dobro promiješajte.
e) Poslužite uz dosu, idli ili rižu.

ZAKLJUČAK

Dok završavamo naše putovanje kroz "KUHARICA «ŽIVOT S ČATNIJEM»", nadamo se da ste bili inspirirani da uronite u umjetnost pravljenja ajvara i istražite bogatu tapiseriju okusa i tradicija koje nudi ovaj omiljeni začin. Bilo da ste iskusni kuhar ili kuhar početnik, na ovim stranicama svatko može uživati u nečemu.

Dok nastavljate eksperimentirati s različitim receptima i okusima za ajvar, neka vam svaka serija koju napravite donese radost, zadovoljstvo i dublje poštovanje indijskog kulinarskog nasljeđa. Bilo da dijelite chutney s voljenima, poklanjate domaće staklenke prijateljima i susjedima ili jednostavno uživate u njima kao dijelu svojih svakodnevnih obroka, neka vam iskustvo pripreme i uživanja u chutneyu obogati život i donese okus Indije na vaš stol.

Hvala vam što ste nam se pridružili na ovom ukusnom putovanju kroz umjetnost pravljenja ajvara. Neka vaša kuhinja bude ispunjena mirisima začina, bilja i svježih namirnica, vaši obroci užicima slasnih ajvara, a vaše srce užitkom kuhanja i dijeljenja dobre hrane. Do ponovnog susreta, sretno pečenje ajvara i bon appétit!

www.ingramcontent.com/pod-product-compliance
Lightning Source LLC
Chambersburg PA
CBHW071903110526
44591CB00011B/1530